Barbara Cratzius

die Weihnachtszeit

Mit Liedkompositionen von Ludger Edelkötter
und vielen Illustrationen
von Gertrud Schrör

Herder Freiburg · Basel · Wien

Die Jahreszeiten erleben und gestalten mit *Barbara Cratzius*

Igel, Frosch und Fledermaus (Best.-Nr. 22550)

Monatsreihe:

Ein ganzes Jahr – und noch viel mehr

Band 1: September – Februar (Best.-Nr. 21 996)
Band 2: März – August (Best.-Nr. 21 997)

Jahreszeitenreihe:

Frühling im Kindergarten (Best.-Nr. 21 261)

Sommer im Kindergarten (Best.-Nr. 21 262)

Herbst im Kindergarten (Best.-Nr. 21 263)

Winter im Kindergarten (Best.-Nr. 21 264)

Jeder Band 128 Seiten

2. Auflage

Alle Lieder dieses Buches sind von Ludger Edelkötter vertont und auf Musikcassette „Uns gefällt die Weihnachtszeit" produziert. Erschienen ist sie im IMPULSE Musikverlag Ludger Edelkötter, Natorp 21, 4406 Drensteinfurt, Tel.: 02508/673 u. 1027, Fax: 02508/9388
Bestellnummer IMP 1051, Preis DM 19,80, zu bestellen über jede Buchhandlung oder direkt beim Verlag. Alle Rechte an den Liedern beim IMPULSE Musikverlag Ludger Edelkötter
Die Bastelanleitung „Adventskalender am Adventskranz" von E. Scharafat erschien zuerst in: B. Cratzius, Kinder im Kirchenjahr, Brunnen-Verlag.
Das Gedicht „Auf den Wegen des Advent" erschien zuerst in: B. Cratzius, Hell leuchtet uns der Stern, Verlag Butzon & Bercker 1991.
Weitere Autoren, deren Texte in dieses Buch aufgenommen wurden:
G. Erhardt, Kindergarten Mönkeberg, J. Sakowski, M. Schacherbauer, E. Scharafat, A. Schulz, U. Weber.

Notengrafik: Impulse Musikverlag Ludger Edelkötter
Einbandfoto: Bavaria Bildagentur GmbH, Gauting

Herstellung: Freiburger Graphische Betriebe 1992
ISBN 3-451-22551-4

Wir freuen uns auf die Weihnachtszeit

Viele neue Gestaltungsideen werden in diesem Buch angeboten – neue Geschichten zum Vorlesen, Gedichte zum Aufsagen und als Gruß für Weihnachtsbriefe, Rätsel und Spiele um den Adventskranz, kurze Rollenspiele und Lieder für Weihnachtsfeiern, Fingerspiele für die Kleinsten, Bastelideen und Weihnachtsrezepte für Feiern in der Familie, in Kindergärten und Schulen.

Der rote Faden, der sich durch dieses Vorlese-, Sing-, Spiel- und Bastelbuch zieht, sind die Erlebnisse von drei Kindern: der vierjährigen Bettina, des fünfjährigen Michael und des neunjährigen Jan in der Vor-Weihnachtszeit. Wir werden zum Beispiel miterleben, wie die Familie auf den Weihnachtsmarkt geht, wie es den ersten langersehnten Schnee gibt und wie lang sich die Stunden vor dem Heiligen Abend hinziehen. Für diese Zeit des Wartens und Sichfreuens werden für jeden Adventstag viele Ideen angeboten, die für die jüngeren Geschwister, aber auch für den älteren Jan und die ganze Familie gedacht sind.
Auch aktuelle Probleme wie die Situation der Aussiedler und Flüchtlinge sind nicht ausgeklammert.

Dieser „Adventskalender" kann jedes Jahr wieder neu entdeckt werden. Sein Inhalt verbraucht sich nicht wie die traditionellen Fenster-Kalender. Er ist auch nicht in einem Jahr „ausgelesen". Das vielseitige Textangebot dieses Buches bietet jedes Jahr wieder neu eine Fülle von Anregungen – und das nicht nur an den 24 Tagen vor Weihnachten.
Der weitgespannten Palette von Wünschen aus vielen Kindergruppen will dieses Buch gerecht werden. Es stellt mit seinen Vorlese-, Sing-, Spiel- und Bastelvorschlägen einen prall gefüllten Weihnachtskorb mit neuen Ideen dar. Sie werden auf diesen Seiten nur solche Gestaltungsideen finden, die alle die „Feuerprobe" in den Kindergärten, Familien und Schulen bestanden haben.
Ich wünsche Ihnen ein gutes Gelingen der vielen Weihnachtsrezepte, viele „goldene Nüsse" und schöne gemeinsame Stunden um den Adventskranz mit leuchtenden Kerzen, die die dunklen Winterabende hell machen.

Barbara Cratzius

Inhalt

Das nachfolgende Inhaltsverzeichnis will ihnen durch die Ordnung nach Stichworten die Suche nach bestimmten Texten und Gestaltungsvorschlägen erleichtern.

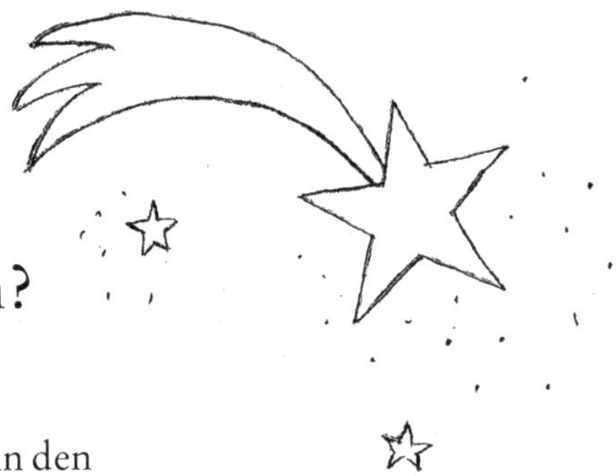

Warum feiern wir Weihnachten?

Woran denken wir, wenn die Adventszeit naht? An den festlich geschmückten Weihnachtsbaum, an den Duft der Pfefferkuchen, an fröhliche Weihnachtslieder und an die vielen Geschenke, die uns erwarten?
Weihnachten ist das Fest mit dem Silberschein der selbstgebastelten Sterne, mit dem Glanz der vielen Kerzen, aber auch mit dem Licht der Neonröhren in den betriebsamen Einkaufsstraßen.
Sicher – Farben, Glanz, Düfte, Lichter – das alles gehört zum Weihnachtsfest, wie wir es heute feiern.
„Fröhlich soll mein Herze springen" – so heißt es in einem alten Weihnachtslied. – Aber vielleicht kommen wir dem Sinn des Weihnachtsfestes näher, wenn wir den Zeichen folgen, die uns die Evangelisten Lukas und Matthäus vor Augen gestellt haben.
Da ist zunächst noch nicht das helle Licht, der Glanz, die Freude, die uns zu Weihnachten erfüllen. Da gibt es das Dunkel auf dem nächtlichen Hirtenfeld. Da spüren wir die Angst, die Verlassenheit der verachteten Menschen, die dort draußen Tag und Nacht ihre Herden hüten. – Wir folgen dem beschwerlichen Weg des Suchens und Fragens und Forschens der Weisen auf ihrer langen Wanderung unter dem neuen Stern. Und wir begleiten Maria und Josef auf ihrer mühevollen Herbergssuche. Wir wollen an die Krippe treten, in die Finsternis und Armut in der dunklen Felsenhöhle, in der der verheißene Retter und Messias zur Welt kommt. – Nicht in einem Palast, nicht als reiches Königskind, wie die Weisen es vermuten, sondern ganz

nahe bei den Armen und Schwachen, denen er seine Hilfe und Güte schenken will.
So ist auch den Hirten zuerst das Wunder der Geburt verkündigt worden, und sie haben die Nachricht mit gläubigem Herzen weitergetragen. Sie haben gespürt: Gott kommt zu uns in die Dunkelheit.
Angelus Silesius hat gesagt:
„Soll er dein Heiland sein und dich zu Gott erheben, so mußt du nicht sehr weit von seiner Krippe leben."
Dieses Wort kann unserem geschäftigen Tun vor Weihnachten den rechten Sinn geben. Das gemeinsame Basteln, das fröhliche Singen und Spielen mit den Kindern, die schönen alten Bräuche, die wir jedes Jahr in der Weihnachtszeit wieder lebendig werden lassen, beziehen sich auf das Jesuskind, unseren Bruder, in dem Gott uns zu Weihnachten ganz nahe kommen will.
Nun ist Gott nicht mehr so unfaßbar weit von uns entfernt, sondern er ist sichtbar geworden, hörbar, greifbar.
Mit den Kindern können wir ihm auf dem langen Weg der Könige begegnen, wir können ihn ahnen in dem hellen Glanz des Weihnachtssterns und können in den Jubel der Engel und in die Freude der Hirten mit einstimmen, denn „die Güte und Menschenliebe Gottes, unseres Retters, erschien . . ." (Titus 3, 4)

Der Advent beginnt

Helles Licht am Adventskranz

Dreimal klingelt es an der Tür. „Das ist Jan!“ ruft Bettina. „Endlich ist die Probe für das Krippenspiel zu Ende! Nun können wir mit der Kerzenstunde anfangen!“
Jan kommt ganz durchgefroren herein. „Ist das kalt draußen und so dunkel“, sagt er. „Aber die Kerzen auf unserem Kerzenständer vor dem Fenster leuchten ganz weit. Ich hab’ sie schon von der Straße aus gesehen!“ – „Sind ja auch „elekfrische“ Kerzen“, ruft Michael ganz laut. „Aber ich find’ echte besser!“
Jan grinst den kleinen Bruder an. „Hör mal, elektrische Kerzen sind auch ganz gut. Da braucht man wenigstens nicht Angst zu haben, daß gleich die Gardine anbrennt. Oma kriegt doch Heiligabend immer Herzklopfen, wenn alle Kerzen am Tannenbaum brennen!“
„Heute wollen wir *eine* Kerze anzünden“, sagt die Mutter. „Aber vorher wollen wir noch den Adventskranz gemeinsam fertigstellen!“

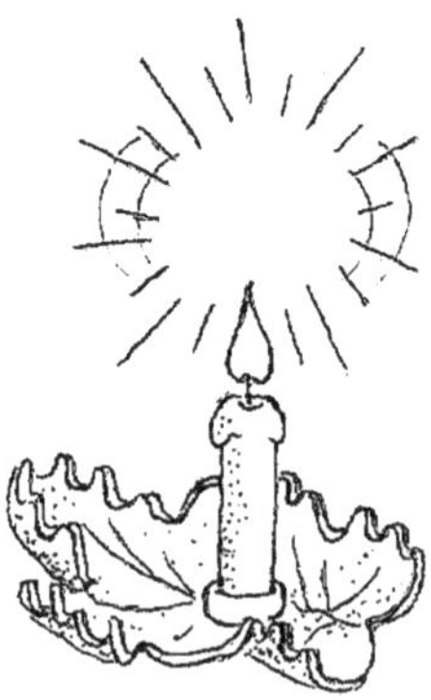

In diesem Jahr hat sich Mutter etwas ganz Besonderes ausgedacht. Schon im Oktober hat sie mit den Kindern große Ahornblätter gesammelt. (Siehe 16. Dezember). Auf eine glattgewalzte Tonplatte hat sie die Ahornblätter gelegt, und Jan hat vorsichtig die Blattform ausgeschnitten.
Dann hat die Erzieherin im Kindergarten von Bettina und Michael die Blätter im Brennofen gebrannt. Die Erzieherinnen waren alle so begeistert von der Idee,

daß sie mit den Kindergartenkindern viele Tonblätter geformt haben.
„Mami, auf unseren Fensterbrettern im Kindergarten stehen jetzt ganz viele Kerzen auf den Tonblättern! Das sieht toll aus", erzählt Bettina.
Mutter holt eine große Korkplatte. In der Mitte befestigt sie eine Halbkugel aus Styropor. Jan holt den Sack mit den Schätzen her, die sie im Herbstwald gesammelt haben. „Schau, da sind ja alle meine Eicheln", ruft Michael. „Und die Zapfen und Kienäpfel habe ich gefunden", ruft Bettina. „Und hier sind auch die roten Hagebutten und die kleinen Äpfel aus Omas Garten!"
Vorsichtig schmücken die Kinder die Styroporkugel. Sie breiten die Tannenzweige rundherum aus. Am Schluß werden die vier Tonblätter darauf gelegt und mit Knetwachs befestigt. Nun darf jedes Kind eine große Kerze mit Fimo darauf festmachen.
Mutter klebt die vierte Kerze fest und schlingt ein lila Band rings um die Tonblätter.
„Tolle Farben", stellt Jan fest. „Grün und rot und lila!"
„Jede Farbe hat etwas zu bedeuten", sagt die Mutter. „Grün, das ist das Zeichen der Hoffnung. Es will uns sagen, daß Christus wiederkommen wird zu uns auf die Erde. Rot ist das Zeichen der Liebe. Wir sollen wissen, daß Jesus Christus einen jeden von uns liebhat. Violett ist das Zeichen, daß wir umkehren sollen, daß wir uns auf Gott und seine Botschaft zu Weihnachten besinnen sollen."
Nun sind Bettina und Michael schon ganz ungeduldig geworden. „Mami, die erste Kerze anzünden", ruft Michael. „Ich mach' schon das „elekfrische" Licht aus!"
Ganz langsam gewöhnen sich die Augen an die Dunkelheit. Bettina rückt die kleinen Tonfiguren, die sie im Kindergarten gebastelt hat, näher an das Kerzenlicht heran. „Schau mal, Mami, das Gesicht vom Hirten ist ganz hell geworden", ruft sie. – „Guckt doch", sagt Michael, „mein Josef und meine Maria sehen aus, als ob

sie sich richtig freuen! Ich muß sie nur nah genug ans Licht stellen.“
Jan kneift die Augen zusammen. „Das Kerzenlicht sieht aus wie ein funkelnder Stern! Das sprüht richtig – fast wie der Stern von Bethlehem“, ruft er.
Dann springt er auf und holt sein Schulheft hervor. „Ich muß euch unser neues Weihnachtsgedicht vorlesen“, sagt er. „Das paßt genau in unsere Kerzenstunde, und zu Weihnachten kann ich es auch aufsagen. Da freuen sich bestimmt Opa und Oma!“

Wir zünden nun die Kerze an,
seht, wie hell sie brennt!
Bald erstrahlen viele Lichter,
und wir feiern den Advent.

Wir zünden nun die Kerzen an,
seht, es glänzt der Schein!
Und wir geben uns die Hände,
laßt uns froh und dankbar sein.

Wir zünden nun die Kerzen an,
heller wird die Nacht.
Gott hat seinen lieben Sohn
in die dunkle Welt gebracht.

Und bald wird der Tannenbaum
in der Stube stehn.
Hell erstrahlen viele Kerzen,
laßt uns hin zur Krippe gehn!

„Und jetzt wollen wir Adventskalender basteln“, ruft Michael.

Adventskalender selbst gemacht

Mit Walnüssen

Du brauchst 24 Walnüsse, die du vorsichtig in zwei Hälften zerlegst und ausleerst. Nun streiche in die eine Hälfte etwas Klebstoff und drücke rotes Geschenkband fest hinein. Wenn der Klebstoff getrocknet ist, lege in die Nußschale eine kleine Überraschung, bestreiche den Rand der Schale mit etwas Klebstoff und drücke die dazugehörige zweite Nußhälfte darauf. Die nächsten Nüsse befestige auf diese Art jeweils in einer Entfernung von 3 bis 5 cm. Lasse das obere Ende des Bandes lang genug, damit man es an einem Nagel oder Haken an der Wand befestigen kann.

Als Überraschung kann zum Beispiel dienen:
Rosinen, Gummibärchen, Mandeln;
kleine zusammengefaltete Transparentpapiersterne, getrocknete Blüten, kleine Bildchen;
Murmeln, Würfel, Radiergummi, Bleistiftspitzer, Pfennig, für Mädchen Zopfspangen;
Sicher habt ihr selber noch viele andere Ideen.

(A. Schulz)

Adventskalender am Adventskranz

Wir brauchen dazu:
8 kleine Weihnachtsmänner, 8 kleine Esel, 8 Säcke.

Zuerst die Weihnachtsmänner:
Schneide von einer Papprolle (aus Haushaltspapier) 5 cm lange Stücke ab, wickele sie in rotes Kreppapier, falte das Kreppapier am unteren Ende zusammen, und klebe ein schwarzes Oval aus Tonpapier als „ Schuhsohlen“ dagegen. Schneide aus weißem Papier einen Kreis als Gesicht, und male Augen, Nasen und Mund. Klebe es auf die Rolle.
Aus Watte bekommt der Weihnachtsmann einen Bart. Auch der Mützenrand wird mit einem dünnen Wattestreifen geschmückt.

Fülle den Weihnachtsmann mit einer Nuß oder einem Stück Schokolade. Binde den oberen Teil des Kreppapiers zu einer Zipfelmütze zusammen.

Die Säcke werden so gemacht:
Wickele ein 5 cm langes Stück Papprolle in braunes Kreppapier. Klebe den unteren Teil des Kreppapiers so zusammen, daß zwei Zipfel entstehen. Fülle den Sack und binde ihn am oberen Ende zu. Als Schmuck bekommt er einen Stern aus Goldfolie.

Jetzt sind die Esel an der Reihe:
Wickele ein Stück Papprolle (5 cm lang) in graues Kreppapier. Falte das Kreppapier an einem Ende zusammen, und klebe einen Kreis aus grauem Tonpapier darauf. Fülle die Rolle mit Nuß oder Schokolade, und verschließe das zweite Ende wie das erste. Schneide für den Hals einen Streifen aus Tonpapier (2,5 × 4 cm) und falte ihn schräg (s. Zeichnung). Klebe das entstandene Dreieck so an die Rolle, daß die Spitze nach unten zeigt. Schneide als Kopf ein Oval aus Tonpapier, und klebe es an den Hals. Jetzt bekommt der Esel zwei lange Eselsohren und eine Mähne aus schwarzem Kreppapier. 4 Tonpapierstreifen werden als Beine an den Rumpf geklebt. Ein dünner Streifen mit einem Puschel aus Kreppapier ist der Schwanz.

(E. Scharafat)

Auf den Wegen des Advent

Vom Stern geweckt
den Glanz entdeckt,
der aus dem Dunkel brennt.
So laß mich gehn wie die Weisen, Herr,
die Wege des Advent.

Vom Stern geführt,
den Ruf gespürt,
der mich beim Namen nennt
So laß mich ziehn wie die Hirten, Herr,
die Wege des Advent.

Als ein Mensch,
der dich sucht
an der Krippe dich erkennt
führ du meine Schritte
auf den Wegen des Advent.

1. Dezember

Was uns der Dezember alles bringt

Viele süße Walnußkerne
und die blanken Silbersterne.
Apfelduft im ganzen Haus
und die Stiefel vom lieben Nikolaus.
Schnee mit vielen weißen Flocken,
klare Luft mit Kirchenglocken
vor dem Fenster Lichterschein,
die grünen Zweige holt Mutter herein.
Ich freu' mich über Kerzen, weiß und rot,
über Zimtsterne und Früchtebrot.
Am Kalender jeden Tag ein Türchen mehr,
ach, wenn doch bloß bald Heiligabend wär!

Dann steht die Krippe unterm Weihnachtsbaum,
ich seh' sie manchmal schon im Traum.
Maria und Josef, das Christkind im Heu,
und Ochs und Esel stehn auch dabei.
Daneben die Hirten mit ihren Schafen,
Mami, wie oft muß ich bis Heiligabend noch schlafen?

Überraschung im Advent

An diesem Morgen ist Bettina als erste aufgewacht. Sie nimmt den Teddy mit dem abgerissenen Ohr in den Arm. „Komm, Schnuffi", sagt sie, „wir gehen schon mal leise ins Wohnzimmer." In der Diele duftet es ganz würzig nach frischen Tannenzweigen. Der Adventskranz mit den vier dicken Kerzen steht auf dem Tisch. „Vielleicht darf ich nachher beim Frühstück die erste Kerze wieder anzünden! Die haben wir doch selbst gebastelt mit dem Nikolaus drauf. Sie darf heute nur ein ganz kleines Stückchen brennen", denkt Bettina. „Schnuffi, guck mal, wie schön die Hirten und Schafe vor dem Dielenfenster leuchten. Und der Stern darüber! Den hat Mutter gestern abend noch festgeklebt. Komm, wir wollen Michael und Jan wecken! Die sollen das auch sehen!" An der Küchentür bleibt Bettina stehen. Da – der Adventskalender mit den vielen Säckchen! Und alle frisch gefüllt. Vorsichtig fühlt sie an dem ersten roten Säckchen. Dieses Jahr hat sich Bettina alle Säckchen aus rotem Rupfenstoff gewünscht. Etwas Rundes, Weiches spürt sie. Bei Jans grünem Säckchen raschelt es geheimnisvoll und auch in dem blauen Säckchen von Michael. Leise macht sie Michaels Zimmertür auf und zieht an seiner Bettdecke. „Michael, komm schnell, dein erstes Säckchen aufmachen!" Gleich ist Michael aufgewacht.

Bei Jan dauert es etwas länger. „Kannst du einen nicht ausschlafen lassen?" brummt er. „Ich glaube, du hast die neuen Fußballbilder bekommen", flüstert Bettina. Da springt Jan schnell aus dem Bett. Er läuft zum Adventskalender. „Tatsächlich!" stellt er befriedigt fest. Bei Bettina ist ein niedlicher kleiner Marienkäfer als Bleistiftspitzer drin, und Michael findet einen Zettel mit einem Pferd.

Da kommt Mutter ins Zimmer. „Na, heute morgen hat euch wohl der Adventskalender geweckt", lacht sie. „Mami", fragt Michael, „ich soll doch wohl kein Schaukelpferd mehr zu Weihnachten bekommen? Das ist höchstens noch was für Bettina!" Mutter zwinkert mit den Augen. „Weihnachtsmarkt – Karussellfahren! Mehr verrate ich nicht", lacht sie. „Habt ihr denn schon euer Adventsrätsel geraten?"

Jan klappt die erste Seite von Mutters Adventsrätselkalender auf. „Das hast du aber schön geschrieben!" sagt er. „Bei so einer Schrift würdest du bei meiner Lehrerin bestimmt drei Extrakreuzchen bekommen." „Lies vor!" sagt Mutter lachend.

Siehe „Nikolauskerze", S. 17

Viele kleine Türchen
kannst du vor dir sehn.
Viele kleine Zahlen
auf den Türchen stehn.

Doch da ist kein Schlüssel,
rätst du es, mein Kind?
Wann öffnen sich die Türen,
so sag es mir geschwind.

Ja, am Weihnachtsabend
ist offen jede Tür.
Alle bunten Bilder
leuchten hell vor dir.

(Adventskalender)

Vor dem Adventskalender

Text: Barbara Cratzius
Musik: Ludger Edelkötter

(Mit Fingerpuppen und anderen Requisiten zu spielen).

Nun kommt das zweite Fenster dran,
da find' ich einen Wichtelmann,
der paßt genau in meine Hand,
der Wichtel lacht mich an.

Das dritte Fenster – aufgepaßt,
aus Marzipan ein rosa Schwein.
Das steck' ich nicht gleich in den Mund,
ich will mich noch dran freun!

Schaut her – ich seh' den Weihnachtsmarkt
bunt aufgemalt auf dem Papier.
Toll – Mutti – Vati – Omama,
sie gehen hin mit mir.

Ein Schokoladenschlitten nun
mit Silberkufen, schaut doch her!
Der trägt den braunen Nüssesack
und einen Gummibär.

Beim sechsten Fenster, aufgepaßt,
da steht ein kleiner Nikolaus.
Der paßt genau auf meine Hand,
wann kommt er wohl ins Haus?

Beim siebten Fenster, was ist das?
Ein bunter Vogel guckt mich an.
Da denk' ich gleich, daß ich nachher
die Vögel füttern kann.

Was Rundes, Hartes fühl' ich jetzt,
ich zieh' heraus es ganz geschwind.
Da liegt in einer goldnen Nuß
ein kleines Puppenkind.

Die andern Fenster laß' ich zu,
es ist ja heut noch nicht so weit.
Und bis zur großen Türe hier,
da dauert's seine Zeit.

Die letzte Tür, die ist ganz groß,
ach, könnt' durch's Schlüsselloch
ich spähn.
Was meint ihr wohl – was könnte ich
dahinter dann wohl sehn?

Methodische Hinweise:
Dieses Lied vom Adventskalender kann uns die ganze Adventszeit hindurch begleiten. Der Kehrvers kann von allen Kindern jeden Morgen gesungen werden. Dann können die Kinder erzählen, was sie morgens zu Haus in ihrem Adventskalender entdeckt haben.
Das Spiellied will Anregungen geben, wie wir selbst einen kleinen Adventskalender bestücken können.
Damit das Lied bei allen 24 Fenstern gesungen werden kann, können wir bei einer „Einheitsstrophe" jeden Tag das kleine Geschenk einsetzen.

Ein kleiner Engel freut sich sehr,
komm, zeig ihn (es) uns doch allen her!
Nun mach das Fenster wieder zu,
das nächste öffnest du!

Ein kleiner Stern, der leuchtet sehr ...
Ein Nikolaus, der kommt daher,
Ein Apfelkind, das ...
Ein Nußmännlein, das ...
...

Jeden Tag darf ein anderes Kind ein Fenster öffnen. Die Erzieherin bestimmt dann das Kind für den nächsten Tag, damit die Vorfreude immer größer wird.

Die Nikolaus-Kerze

Eine Kerze, 15 cm hoch, 3 cm ∅, wird mit buntem Wachs geschmückt. Den oberen Teil der Kerze teilen wir mit dünnen Wachsröllchen in sechs Abschnitte von je 1 cm ein. In jeden Abschnitt kleben wir, ebenfalls aus Wachsröllchen, eine Zahl von 1 bis 6. Den unteren Teil der Kerze verzieren wir mit einer Nikolausfigur und Tannenzweigen, aus den Wachsplättchen geformt.
Jetzt können wir die Tage bis zum Nikolaustag zählen:
Am 1. Dezember wird die Kerze angezündet. Sie brennt, bis der erste Abschnitt heruntergebrannt ist. Am 2. Dezember folgt der zweite Abschnitt usw.

Am 6. Dezember ist Nikolaustag.

(E. Scharafat)

2. Dezember

Die gemalten Wunschzettel, oder: Heute ist „Wunschzettel-Tag!“

Bettina und Michael stehen am Fenster. Es regnet in Strömen. „Richtig langweilig ist das heute“, mault Bettina. „Ich dachte, in der Adventszeit gibt es endlich Schnee. Mammi, was sollen wir bloß den ganzen Nachmittag lang machen?“ stöhnt Michael. „Holt euren großen Zeichenblock und die Buntstifte her!“ sagt Mutter. „Heute könnt ihr schon eure Wunschzettel für den Nikolaus und für Weihnachten aufmalen. Ihr habt mich ja schon seit Wochen mit euren Wünschen gelöchert. Darum hab’ ich für den Nikolaus die Wünsche aufgeschrieben. Aber ihr müßt schöne große Bilder dazu malen!“

„Mami, liest du mir meinen Wunschzettel mal vor?“ bettelt Bettina. „Erst, wenn ihr eifrig beim Malen seid“, lacht Mutter. Bettina malt als erstes ihren Teddybär. Auf Michaels Blatt ist ein blaues Auto zu erkennen. Nun liest Mutter vor:

Bettina malt ihren Wunschzettel

Niklaus, guter Nikolaus,
sag, denkst du auch an mich?
Ach, ich kann ja noch nicht schreiben,
drum mal’ ich was für dich.

Guck, mein brauner Teddybär,
der macht nicht mehr „brumm, brumm“.
Nikolaus, du kannst ihm helfen,
ich bitt’ dich so darum!

Dieses Wunschzettelgedicht ist sehr geeignet zum Vorlesen und Vorsingen im häuslichen Kreis und im Kindergarten während einer weihnachtlichen „Wunschzettelmalstunde“. Die Kinder – schon die Kleinsten – können den Kehrvers immer wieder mitsingen und werden sicher beim Malen sehr motiviert werden. Die Wunschzettel können den Gruppenraum einige Tage schmücken, bis sie zur „Weiterbeförderung an den Nikolaus“ zu Hause abgegeben werden.

Meine liebe große Puppe,
die braucht ein neues Kleid.
Und ich glaub' auch neue Schuhe,
ich weiß, daß sic sich freut.

Meinen lieben, weichen Bello
den hab' ich so gedrückt!
Da sind seine braunen Ohren
ein bißchen abgeknickt.

Nun mal' ich den Puppenwagen,
der quietscht und klappert sehr.
Hast du wohl vier neue Räder?
Ach, bring sie mir doch her!

Für die alte Puppenküche,
da brauch' ich einen Herd.
Buntes Zaumzeug, Sattel, Zügel
noch für mein Schaukelpferd.

Meine kleine Schmusekatze,
die mal' ich aufs Papier.
Schenkst du ihr ein goldnes Glöckchen?
fürs liebste Schmusetier.

Niklaus, guter Nikolaus,
ich bitt', vergiß mich nicht!
Schau, bei uns im Kinderzimmer,
da brennt für dich noch Licht.

Jetzt können wir das Wunschzettelgedicht auch noch miteinander singen. Wollen wir's mal probieren?

Niklaus, guter Nikolaus

Text: Barbara Cratzius
Musik: Ludger Edelkötter

„Mami, das hast du toll gemacht!" ruft Bettina.
„Aber sicher ist es nicht, ob der Nikolaus alles bringen wird", meint Mutter.

Dann liest sie Michaels Wunschzettel vor:

Niklaus, guter Nikolaus,
sag, denkst du auch an mich?
Ach, ich kann ja noch nicht schreiben,
drum mal' ich was für dich.

Ich wünsch' mir ein Rennauto,
doch vergiß nicht – blau!
Ich mal's auf mit meinen Stiften,
dann weißt du es genau.

Neue Schienen brauch' ich auch
für meine Eisenbahn.
Und im Stellwerk den Verstärker,
daß sie schneller fahren kann.

Für mein Indianerfort
da brauch' ich einen Zaun.
Und noch ganz viel neue Klötze,
um den Turm zu bauen.

Cowboypferde, braune Sättel
mal' ich auf das Papier.
Du wirst das schon gut erkennen,
Nikolaus, ich danke dir.

Vielleicht hast du noch Platz im Sack,
bringst du auch den Schlitten mir?
Gern will ich dir tragen helfen,
ich warte auf dich an der Tür.

Da kommt Jan ins Wohnzimmer. Er guckt sich die Wunschzettel der kleinen Geschwister an. „Mami, ich wünsch' mir nicht so viel, nur ein neues Fahrrad, ja, das möchte ich haben", stößt er hervor.
„Nein Jan, ein neues Fahrrad zu Weihnachten gibt's nicht! Du hast voriges Weihnachten ein so gut erhaltenes Rad bekommen, das war erst ein halbes Jahr gefahren! Du pflegst es nur nicht, es ist schon richtig verrostet an den Speichen", sagt Mutter. „Aber Olaf hat zum Geburtstag das tolle Fahrrad aus dem Fenster beim Fahrradhändler gekriegt! Mit Fünfgangschaltung und einem Rennfahrersattel und einem tollen Dynamo, und sogar einen Tacho hat er! Mein altes Fahrrad ist auch fast schon zu klein für mich", quengelt Jan.
„Du kannst ja anfangen, von deinem Taschengeld etwas zusammenzusparen und brauchst das Geld nicht immer für Süßigkeiten zu verkleckern", meint Mutter. In diesem Augenblick klingelt draußen Olaf in vollster Lautstärke mit seiner neuen Fahrradklingel. Das Chrom an den Felgen blitzt in der Sonne.

Jan wird ganz rot im Gesicht. „Dann fahre ich eben überhaupt nicht mehr Fahrrad!“ mault er.
Mutter schaut ihn traurig und nachdenklich an. „Erinnerst du dich noch an das große schwarze Herrenfahrrad im Keller bei Opa?“ fragt sie. „Damit bin ich in den Schulferien nach dem Krieg 95 km von Lübeck, wo ich zur Schule ging, bis nach Hause zu meinen Eltern gefahren, weil wir kein Geld für den Zug hatten.
Dein Opa hat das Fahrrad aus der brennenden Hafenstadt im Osten auf das Schiff gerettet, das ihn in den Westen gebracht hat. Er hat seinen großen Soldatenkoffer hinten auf den Gepäckträger geschnallt, und an die Lenkstange hat er seine Aktentasche gehängt. So ist er mit dem langen Zug der gefangenen Soldaten in die englische Gefangenschaft marschiert.
Oh – was haben wir mit dem guten alten Fahrrad nach dem Krieg alles transportiert! Kartoffel- und Getreidesäcke, ja, damit bin ich später umgezogen von einer Studentenwohnung in die andere. Einmal war das Fahrrad weg – oh, wie habe ich geweint! Ich dachte, jemand hätte es gestohlen! Oh, mein liebes, altes Fahrrad!

Aber ein Hausmeister hatte es nur zur Strafe in den Keller gestellt, weil ich es an eine frischgestrichene Hauswand gelehnt hatte.Es war mir ganz egal, daß es vorn etwas verbogen war und daß es ein Herrenfahrrad war und ich mich jedes Mal verrenken mußte, um aufzusteigen, und daß es verrostet war und daß es keinen Tacho und Dynamo hatte!“
„Na ja!“ sagt Jan zögernd, „das war ja auch damals nach dem Krieg!“ Er überlegt. „Eine Weile kann ich ja mit dem alten Fahrrad noch fahren“, meint er. „Aber dann eben nächstes Jahr. Dann ist mein Fahrrad nämlich wirklich zu klein für mich.“ „Darüber läßt sich reden“, sagt Mutter. „Dann wünsch’ ich mir dieses Jahr ein paar neue Werkmodelle. Ein Flugzeug und eine alte Kogge hätte ich gern!“ fügt er hinzu. „Na los, dann schreib deinen Wunschzettel auf!“ lacht Mutter.

3. Dezember

Funkspruch an Frau Holle

Bettina und Michael stehen am Fenster. Die Sonne scheint. In der Tanne vor dem Haus zwitschern die Meisen.
„Ich hab' schon die ersten Spitzen von den Krokussen gesehen", sagt Bettina. „Ich glaube, der Frühling will schon kommen! Mami, wird es zu Weihnachten denn gar keinen Schnee mehr geben? Ich möchte so gern den Schlitten vom letzten Weihnachtsfest ausprobieren. Da hat es ja fast überhaupt nicht geschneit!"
„Es wird sicher noch kalt werden", tröstet die Mutter. „Bis dahin müssen wir Frau Holle mit einem Schneegriespudding und einem Funkspruch locken. Und viele Schneerätsel können wir raten und ein neues Schneelied singen!"
„Du machst es ja spannend, Mami", sagt Bettina. „Fangen wir gleich mal mit dem Schneegriespudding an? Darauf hab' ich richtig Appetit!"
Und hier ist das Rezept:

Frau Holles Griespudding mit Kirschen

Griespudding – schöne, alte, süße Kindheitserinnerung!
Hand aufs Herz – wie oft haben wir ihn in den letzten Jahren selbst zubereitet angesichts der vielen Fertigdesserts, die oft zuviel vitaminraubenden Weißzucker und schädliche Konservierungsstoffe enthalten!
Hier ist ein Rezept für einen herrlich duftenden Pudding für die Weihnachtstage, in dem neben den gesunden Zutaten auch noch ein „geheimnisvoller Schatz" verborgen ist.

Und das sind die Zutaten:
1 l Milch
160 g Vollkorngries
6 Eßlöffel Ursüße
2 Eßlöffel Honig
3 Eiweiß
3 Eigelb
abgeriebene Zitronenschale, kleingebröselter Zimt von der Zimtstange, einige abgezogene Mandeln.

Wir bringen die Milch und den Zucker zum Kochen und streuen vorsichtig unter Rühren den Gries ein. Dann fügen wir die Zitronenschale, den Honig, den Zimt und das Eigelb zu. Am Schluß heben wir das steifgeschlagene Eiweiß und die Mandeln unter. Obendrauf können wir noch einige „Schneeflocken" in Form von Sahnetupfern spritzen.
Die rote Kirschsoße mit den Kirschen (aus dem Glas oder selbst eingefroren) gibt dem Pudding einen fruchtigen, herben Geschmack. Wer eine Mandel im Pudding entdeckt, ist „Schneekönig" und darf ein gemeinsames Spiel zum Advent (siehe S. 24) vorschlagen.

Und wenn es in der Adventszeit gar nicht schneien will? Dann wird es Zeit, spätestens beim Verzehr von Frau Holles Schneegriespudding einen „Funkspruch" loszulassen:

Funkspruch an Frau Holle:

Sag, was soll denn das bedeuten?
Schläft Frau Holle fest und tief?
Weißt du noch, wie voriges Jahr
Heiligabend sie verschlief?

Da sang draußen unsre Amsel:
„Ich will bald mein Nest mir baun!"
Nirgends Eis und weiße Flocken,
wer mag noch Frau Holle traun?

Mit dem nächsten Satelliten
senden wir den Funkspruch aus:
„Spring, Frau Holle, aus den Federn,
hoch in deinem Wolkenhaus!"

Schick uns Flocken, laß sie tanzen,
jeden Tag von früh bis spät!
Schneemann, Schneefrau und die Kinder,
bauen wir, kommt her und seht!

Wir helfen Frau Holle

1. Kind: Winter, Winter, guter Mann,
sag, wann fängst du endlich an?

2. Kind: Draußen sprießt das grüne Gras,
Regen macht die Erde naß.

3.Kind: Unsre Amsel singt ein Lied,
und die Spatzen tschilpen mit.

4. Kind: Weht der Eiswind – weh, o weh,
dann braucht unsre Erde Schnee.

5. Kind: Unterm Schnee, da ist's nicht kalt,
Schnee, wann kommst du endlich bald?

6. Kind: In dem Schnee, da wolln wir toben,
Flocken, Flocken, tanzt von oben!

7. Kind: Rodeln wolln wir, froh und munter,
alle Berge – wupp – hinunter.

8. Kind: Einen Schneemann wolln wir bauen,
lustig ist der anzuschauen!

9. Kind: Der kriegt meinen Schal und Hut,
Rübennase steht ihm gut,
und die Kohlenaugen dran:
Schneefrau, Schneekind und der Mann!

10. Kind: Hört doch alle, alle her!
Schnee, den gibt's schon lang nicht mehr,
weil Frau Holle fest und tief
auch diesen Winter ganz verschlief.

11. Kind: Was sollen wir denn machen?

10. Kind: Wir holen unsre Kissen her
und klopfen fest und immer mehr.
Da fliegen all die Federn her,
die Kissen werden gar nicht leer.

1. Kind: Ganz weiß ist unsre Stube dann!
Hurra! Ein Federfest fängt an!

2. Kind: Die Federn tanzen hin und her,
Wir pusten, pusten, immer mehr!

3. Kind: Nun fliegen sie zur Decke wieder
und schweben langsam, langsam nieder.

4. Kind: Am Schluß, da gibt's
ganz tolle Sachen!
Was können wir mit Federn machen?

5. Kind: Wir kleben Gänse, Enten, Schwan,
und noch viel mehr; ich fang' gleich an!

Die Kinder singen gemeinsam: nach der Melodie: „Ein Vogel wollte Hochzeit machen".

1. Die vollen Kissen holt doch her,
   nun klopft und schüttelt immer mehr!
   Fiderallala . . .
2. Die Federn fliegen durch den Raum,
   ich seh' den Kai, die Tina kaum!
3. Ihr Federn, fliegt doch hoch und weit,
   wie Flocken zu der Winterzeit!
4. Bald wird Frau Holle endlich wach,
   und Flocken rieseln auf das Dach!
5. Nehmt alle Kissen doch zur Hand,
   bald wird ganz weiß das weite Land!

Vielleicht lassen sich für das Federn-Spiel im Bettengeschäft alte Federn auftreiben, die keine Verwendung mehr finden. Auch Mütter haben oft alte Betten und Kissen. Statt Federn können auch zusammengeknüllte weiße Seidenpapierkugeln verwendet werden; aber das leichte Herabwehen und Steigen kann mit echten Federn viel stärker erlebt werden.
Nach dem Spiel kann ein eifriges Basteln beginnen; Schneemänner können gut mit zusammengeknüllten Seidenpapierkugeln gebastelt werden.
Dieser Text kann auch als Reimspiel verwendet werden, in dem jeweils das Reimwort von den Kindern ergänzt wird.

Schneeflockenlied

Eine kleine Schneeflocke,
die tanzt heut hin und her.
Sie setzt sich auf das Scheunendach,
es kommen immer mehr.

Kehrvers: Eine kleine Schneeflocke,
die kommt selten allein.
Drum wartet nur, drum wartet nur,
es wird ja noch mehr schnein!

Zwei kleine Schneeflocken,
die tanzen heut im Wind.
Sie schweben auf den Tannenbaum,
dort, wo die Zapfen sind.

Kehrvers: Zwei kleine Schneeflocken,
die kommen nicht allein . . .

Drei kleine Schneeflocken,
die wirbeln heut im Sturm.
Sie springen auf das Kirchendach,
hoch auf den Glockenturm.

Kehrvers: Drei . . .

Vier kleine Schneeflocken
am Zaun vor unserm Haus.
„O endlich Schnee!“, so ruf’ ich laut
und laufe gleich hinaus.

Kehrvers: Vier . . .

Fünf kleine Schneeflocken
auf Vaters Gartenschuh.
„Ach, taut doch bitte noch nicht weg!“
Das läßt mir keine Ruh!

Kehrvers: Fünf . . .

Sechs kleine Schneeflocken
auf kahlem Winterbaum.
Heut nacht seh' ich ein Schneemannkind
schon stehn in meinem Traum.

Kehrvers: Sechs . . .

Sieben kleine Schneeflocken,
das wurde wirklich Zeit!
Im Keller steht das ganze Jahr
der Schlitten schon bereit.

Kehrvers: Sieben . . .

Acht kleine Schneeflocken,
nun taut doch bloß nicht weg!
Sonst haben wir schon morgen früh
nur Matsch und so viel Dreck!

Kehrvers: Acht . . .

Neun kleine Schneeflocken,
es schneit ja unentwegt.
Ganz weiß wird unsre dunkle Welt,
ich bin ganz aufgeregt.

Kehrvers: Neun . . .

Zehn kleine Schneeflocken,
Frau Holle! Gut gemacht!
Ich freu' mich schon, ich freu' mich schon
auf weiße Weihnachtsnacht!

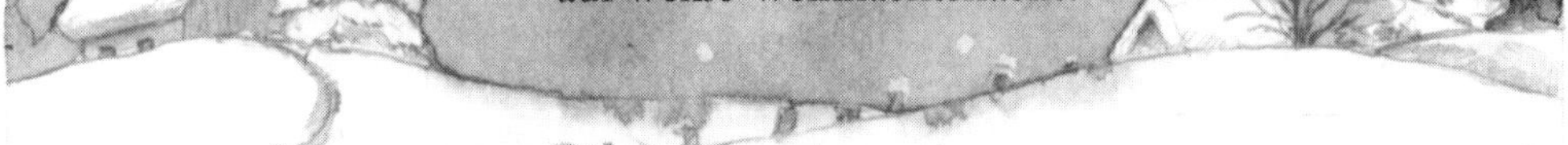

Die Erzieherin singt die einzelnen Strophen vor, die Kinder singen den Kehrreim mit (mögliche Melodie: Zehn kleine Negerlein . . .). Sie ahmen mit den Fingern das Schweben und Tanzen der Schneeflocken nach. Von Strophe zu Strophe spielen mehr Finger mit.
Kleinere Kinder, denen der Zahlenraum bis 10 noch nicht vertraut ist, lassen einfach alle Finger zappeln.

Schlittenfahrer

Material: Pappe, Schere, Buntstifte, Klebe
Wir schneiden aus leichter Pappe ein Rechteck für den Schlitten aus; Kufen und Körper werden zweimal zugeschnitten. Dann werden Schlitten und Schlittenfahrer bunt angemalt. An der Faltlinie wird die Pappe für den Schlitten abgebogen, und die Kufen werden angeklebt. Der Schlittenfahrer wird bis zur Gürtellinie zusammengeklebt, und die Beine werden auseinandergebogen.
Zum Schluß wird ein Wollfaden als Schnur an dem Schlitten befestigt. Nun können die Kinder ein lustiges Schlittenrennen veranstalten.
Auf einem schräggestellten Brett (oder Tisch) lassen sie ihre Schlitten hinuntersausen.

(*Inge Sakowski,* Evangel. Kindergarten, Pfarrkirchen)

Und was ruft uns der Schlittenfahrer zu?

Handschuh an und Mütze auf!
Ich sitz' auf dem Schlitten drauf!
Zieht mich bitte, Till, Marei!
Martin, Tom sind auch dabei!
Soviel dicker, weißer Schnee,
und ein Sturz tut auch nicht weh!
Hoppla, hopp – hurra!

Rätsel-Mallied

Komm her und hör mir zu:
Ich mal' einen Kreis,
der ist innen ganz weiß
und noch einen malst du,
den dritten mal' ich,
mit einem dicken Strich
und ein Halbmond darunter,
zwei Punkte darüber
Erkennst du das nicht?
Das ist ein Gesicht.
Und auf den Kopf
malst du einen Topf
Der Stock, der kommt an die Seite dran,
na – siehst du – er lacht – unser weißer . . . (Mann)

4. Dezember *Barbaratag*

Die Legende von den Barbara-Zweigen

„Heute wollen wir Oma und Opa besuchen“, sagt Mutter. „Sie haben in ihrem Garten doch den alten Kirschbaum. Da wollen wir uns Zweige holen und sie in die Vase stellen.“ Bettina wundert sich. „Kahle Zweige, Mutti, das sieht doch gar nicht schön aus. Können wir nicht lieber Zweige von Opas großer Tanne abschneiden?“

„Heute ist Barbaratag“, sagt die Mutter. „Das ist ein alter Brauch, daß man am 4. Dezember kahle Zweige vom Kirschbaum, vom Apfelbaum oder vom Forsythienstrauch schneidet und sie ins warme Zimmer holt. Sie fangen dann an zu treiben, und wenn wir Glück haben, brechen zu Weihnachten die Blüten auf.“

„Was soll denn das heißen: ‚Barbaratag‘“? fragt Bettina. „Gibt es dann auch einen Bettinatag?“ Jan lacht. „Das hat uns gestern unsere Lehrerin in der Schule erzählt. Einen hohen Turm hat sie an die Tafel gemalt und einen ganz tollen Blütenzweig. Von einer heiligen Frau hat sie erzählt. Aber ich hab’ nicht so genau zugehört.“

„Das ist eine ganz alte Geschichte“, sagt Mutter. „Weit, weit im Osten lebte einmal ein reicher Kaufmann. Der hatte eine schöne Tochter, die er sehr liebte. Eines Tages mußte er verreisen. Er wollte, daß seiner Tochter nichts Böses geschehen sollte. Darum ließ er sie in einen hohen Turm führen. „Dort bist du sicher“, sagte er, „ich bringe dir auch etwas Schönes mit!“

„Oh, in einen Turm“, wundert sich Michael. „War es denn dunkel drin? – Das finde ich schrecklich gruselig.“

„Barbara war es auch ein bißchen unheimlich in dem hohen Turm. Der hatte oben auch nur ein kleines Fen-

Rätsel

Ich bin ganz kahl und starr
in kalter dunkler Winternacht.
Doch gibst du Wasser
und Wärme mir,
dann bin ich bald strahlend
aufgewacht.

(Barbarazweig)

ster. Aber sie blieb nicht lange allein und voller Angst. Sie hörte in ihrem dunklen Turm die frohe Botschaft von Jesus Christus und ließ sich taufen. Zum Zeichen, daß sie Christin geworden war, ließ sie drei schöne große Fenster in den Turm schlagen." „Da ist es bestimmt ganz schön hell drinnen geworden", meint Bettina. „Ja", sagt die Mutter, „aber als der Vater von der Reise zurückkam, ist er ganz böse geworden. Doch Barbara wollte nicht von ihrem Glauben lassen. Da sperrte sie der Vater ganz unten in den Keller des Turms ein. Auf dem Weg dorthin hat sich ein kahler Zweig in ihrem Kleid verfangen. Sie hat ihn in ein Glas Wasser gestellt."
„Jetzt weiß ich, wie's weitergeht!" ruft Jan. „Der kahle Zweig hat angefangen zu blühen." „Ja", sagt Mutter, „und da ist Barbara ganz froh geworden. ‚Gott wird mir helfen', hat sie gesagt. ‚Er wird mir auch im Dunkeln Freude und Kraft und neues Leben schenken!'"
„Das war eine schöne Geschichte", meint Jan. „O ja, ich hol' schon meinen Anorak", ruft Michael, „wir wollen schnell losgehen und Barbarazweige schneiden!"

Winter hält das Land gefangen

Winter hält das Land gefangen,
und der Sturm fährt übers Feld.
Doch es glänzt ein heller Stern
über unsrer dunklen Welt.

An dem Tag St. Barbara
wolln wir in den Garten gehn.
Kahle Zweige laßt uns schneiden,
daß sie bald in Blüte stehn.

In der dunklen Winterszeit
freun wir uns an ihrer Pracht.
Helle Knospen brechen auf
in der Weihnachtsnacht.

Barbarazweige

Winterwind weht über Felder,
draußen ist es kalt.
Kahl und tot sind Busch und Bäume,
Weihnachten kommt bald.

Laßt uns braune Zweige schneiden,
dann könnt ihr bald sehn,
daß sie zu dem Weihnachtsfeste
hell in Blüte stehn.

Bastelideen für kahle Zeiten

Blüten aus Papierservietten

Du brauchst für jede Blüte eine dicke, weiche Papierserviette.

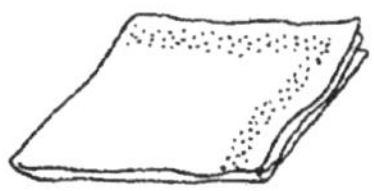

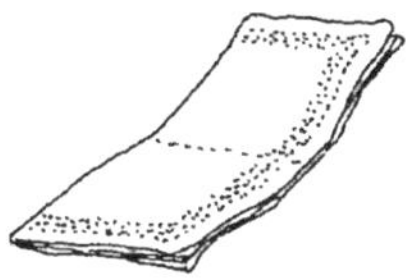

Falte sie einmal auseinander, es entsteht ein Rechteck.

Reiße an der geschlossenen Faltseite einen Streifen von 1 cm ab.

Lege den Streifen zur Seite,
du brauchst ihn noch.

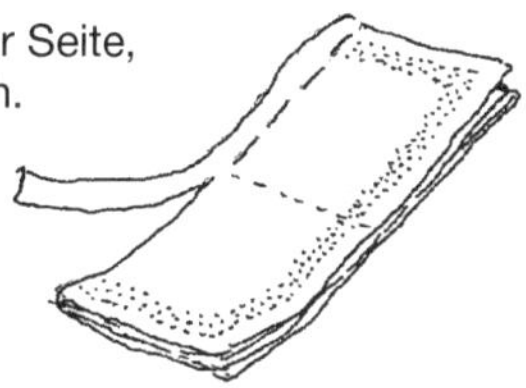

Jetzt lege beide Daumen auf den unteren Rand der Serviette und raffe mit den Fingern die Serviette zu einer „Ziehharmonika" zusammen.

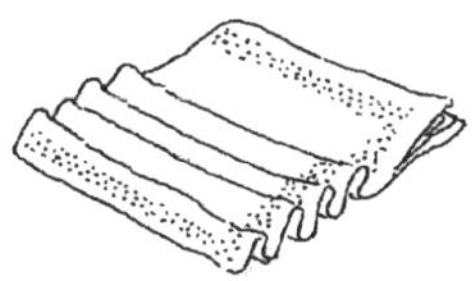

Binde die „Ziehharmonika" in der Mitte mit dem Papierstreifen zusammen, dann breite die Falten zu einem Kreis auseinander.

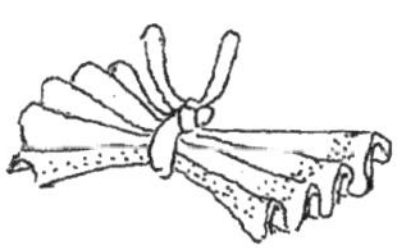

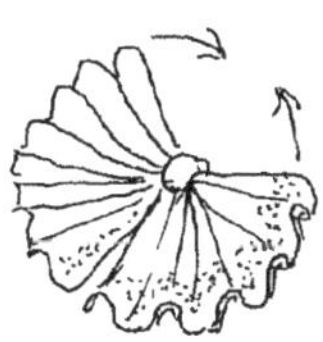

Ziehe jede Lage des Serviettenpapiers vorsichtig vom Rand zur Mitte hoch, so entsteht eine große Blüte.

Mit vielen Blüten kannst du einen kahlen Zweig schmücken

(E. Scharafat)

Rose aus Krepp- und Tonpapier

Möchtest du eine Rose haben, die nie verblüht? Dann brauchst du:
Rotes und grünes Kreppapier, grünes Tonpapier, einen dünnen Stock, 25 cm lang, Schere und Klebstoff.

1. Schneide aus grünem Kreppapier einen Streifen zu, 2 cm breit und 30 cm lang. Schneide eine lange Seite des Streifens zu einem Kamm ein, bestreiche die andere lange Seite mit Klebstoff und wickle den Streifen fest so um das obere Ende des Stockes, daß ein kleiner „Besen" entsteht.

So erhältst du den Mittelpunkt deiner Rosenblüte.

2. Jetzt schneide aus rotem Kreppapier 10 Kreise aus, Durchmesser 7 cm. Das werden die Blütenblätter. Kreppapier läßt sich in einer Richtung dehnen. Dehne jedes Blatt in der Mitte.

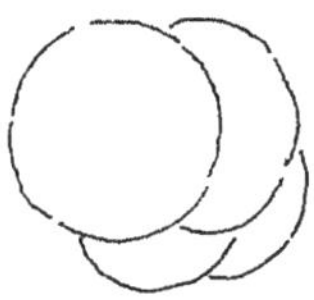

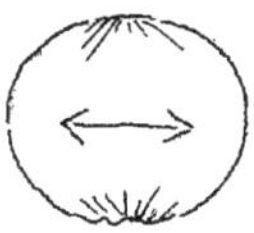

Streiche den unteren Rand jedes Blattes mit Klebstoff ein und schiebe ihn mit den Fingern zu kleinen Falten zusammen, dadurch wird jedes Blatt noch stärker gewölbt.

Jetzt setze Blatt für Blatt um den Mittelpunkt der Blüte an den Stock.

3. Sind alle Blätter verarbeitet, schneidest du wieder einen Streifen aus grünem Kreppapier, 3 cm breit, 15 cm lang. Schneide ihn, wie den ersten, zu einem „Kamm" ein, und klebe ihn dicht unter die Blütenblätter um den Stock herum.

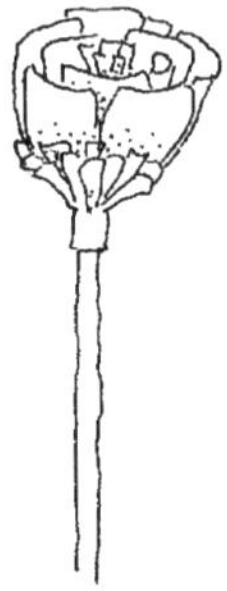

4. Schneide aus grünem Tonpapier Rosenblätter aus. Sie haben einen Blattstiel und fünf Blätter.

Klebe die Rosenblätter in Abständen an den Stock.

5. Zum Schluß schneide einen Streifen aus grünem Kreppapier, 1 cm breit, 50 cm lang; damit bewickelst du spiralenförmig den ganzen Stiel.

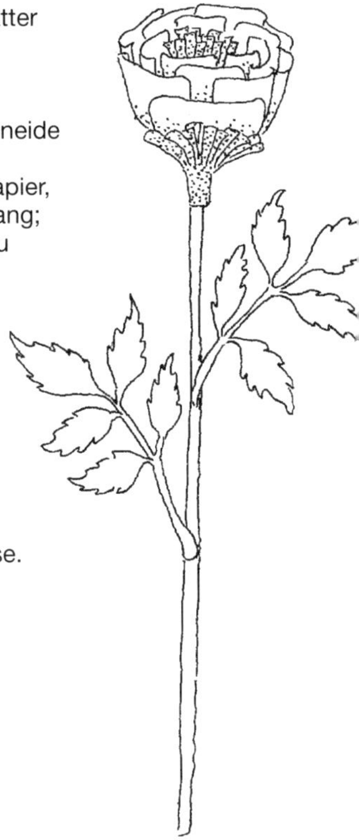

Fertig ist deine Rose.

(E. Scharafat)

5. Dezember

Kann der Nikolaus enttäuschen?

Ganz dunkel ist es im Kinderzimmer. Da wandert der Mond über das Haus und wirft einen langen Strahl durch das Fenster. Die Goldsterne an den Tannenzweigen glitzern. Die Strohsterne drehen sich sachte hin und her. Mischka kommt ins Zimmer geschlichen. Wupp – ist sie auf den Tisch gesprungen und stupst mit der Pfote nach den Sternen. Da wacht Michael auf. „Mischka, willst du wohl vom Tisch!“ Mit einem hohen Satz saust sie aus der Tür hinaus. Jetzt ist Michael ganz wach. „Heute ist Nikolaustag! Heute sind die Stiefel bestimmt ganz voll. Mischka, friß bloß nicht die Pfeffernüsse auf!“ ruft er und springt aus dem Bett. „Jan, wach auf!“ rüttelt er den Bruder wach. „Komm, wir schauen mal nach, was in unsern Stiefeln steckt! Ich hab’ mir doch neue Buntstifte und ein kleines Matchboxauto gewünscht! Und Zimtsterne und Gummibärchen sind bestimmt auch wieder im Stiefel drin!“ „Ach was, ich schau nachher nach!“ ruft der Bruder. „Das Feuerwehrauto kann ich mir auch noch morgen früh angucken!“

„Bist du sicher, daß der Nikolaus dir wirklich eins bringt?“ meint Michael. „Dein altes ist doch auch noch ganz gut, du mußt nur die Kurbel reparieren!“

„Nikolaus hat mir noch jedes Jahr gebracht, was ich auf den Wunschzettel geschrieben hab’“, gähnt Jan. „So, nun laß mich schlafen!“

Michael schleicht sich durch den Flur. Er schaut durch die Küchentür. Auf dem Tisch steht nur das Frühstücksgeschirr – nichts weiter. Michael guckt ins Wohnzimmer. Nirgends steht ein bunter Nikolausteller! Aber in den Stiefeln – da wird er bestimmt etwas finden! Vor der Kellertür stehen Mutters hochhackige neue Winterstiefel – leer! Nanu, ist Mutti nicht artig gewesen? War der Nikolaus böse, weil Mutti neulich so schrecklich geschimpft hat, als er die Handschuhe verloren hat? Daneben stehen Vatis große Gartenstiefel,

Der heilige Nikolaus ist wahrscheinlich in der 1. Hälfte des 4. Jahrhunderts Bischof der Hafenstadt Myra gewesen.
Myra liegt in der heutigen Türkei und heißt jetzt Demre.
Viele Legenden erzählen vom Leben und von den guten Taten des Heiligen. Auf Bildern wird er oft dargestellt im bischöflichen Ornat mit Anker und Schiff (Legende von der Rettung Schiffbrüchiger), mit Broten (Legende von der Rettung der hungrigen Menschen aus der Hungersnot) und Goldstücken und Äpfeln (Legende, wie er drei armen Mädchen in der Not geholfen hat).
Die Verehrung des heiligen Nikolaus drang schon im 10. Jahrhundert nach Deutschland, Frankreich und England. Ganz besonders gilt der Nikolaus als Freudenbringer der Kinder.
Vor etwa 100 Jahren beginnt sich – besonders im Norden Deutschlands – die Figur des Weihnachtsmannes mehr und mehr durchzusetzen. Sie geht auf ein Bild von Moritz von Schwind zurück. Er malte 1847 den „Herrn Winter". So erscheint der säkularisierte Nikolaus in den letzten Jahrzehnten zunehmend in Warenhäusern, auf Postkarten und Werbespots mit weißem wallendem Bart und rotem Mantel – ohne Mitra und Bischofsstab.

noch ganz schmutzig von der Gartenarbeit gestern. Michael faßt vorsichtig hinein. Leer! Ob Vati auch unartig gewesen ist?
Vor die Haustür hat der Bruder seine großen Bergstiefel gestellt, natürlich die größten, in die er nur mit zwei Paar Socken hineinpaßt! Michael faßt hinein. Leer! Ihm wird ganz heiß und kribbelig im Bauch. Nikolaus hat bestimmt gemerkt, daß Jan seit drei Tagen das Diktatheft mit den vielen Fehlern in der Tasche herumträgt und nicht der Mutter zeigen will. Und abtrocknen hat er auch nicht geholfen! Aber ach – Michael sollte ja gestern auch sein Zimmer aufräumen und die Legosteine wegpacken und den Papierkorb ausleeren und den Tisch decken und . . .
Er mag gar nicht zu seinen Schuhen gehen. Dabei hat er nur die kleinen Hausschuhe hingestellt. Da paßt bestimmt nicht viel rein! Er hebt einen Schuh hoch – leer! Und das kleine Matchboxauto! Das wollte er doch heute im Kindergarten den andern zeigen! Den ganzen Vormittag wollte er damit spielen! Und die neuen Buntstifte! So ein Nikolaus! Michael hockt sich auf die Fußmatte. Ein paar Tränen tropfen auf den leeren Schuh. Mischka streicht an seinen Beinen entlang. „Mischka", sagt Michael, „hat der Nikolaus uns wirklich alle vergessen?
Da geht in der Küche das Licht an. „Michael, rasch ins Bett! Willst du dich erkälten? Was ist denn los?" ruft Mutter. „Mami – der Nikolaus hat uns vergessen!" schluchzt Michael. „Was soll er denn heute schon bei uns!" lacht Mutter. „Schau – da ist doch eine große 5 auf dem Türchen am Adventskalender! Morgen ist doch erst der 6. Dezember, der Nikolaustag! Da mußt du noch einen Tag Geduld haben!" „O wie schön", lacht Michael und hüpft wieder in sein Bett. „Jan, Jan, den ganzen Tag können wir uns freuen! Morgen kommt der Nikolaus zu uns, ganz bestimmt!"

Zwerge im Sack vom Nikolaus

Zwei Zwerglein schauen aus dem Sack heraus,
sie stecken im Sack vom St. Nikolaus.
Jetzt trippeln und trappeln sie hin und her,
und schleppen die Äpfel und Nüsse schwer.
Sie bringen Eicheln, Kastanien und Heu
für die hungrigen Tiere im Wald herbei.
Für die Eichhörnchen, Häslein, Hirsch und Reh,
im Winterwind, im tiefen Schnee.
Für die Meisen und Amseln, die hungrig schrein,
legen sie braune Kerne ins Vogelhaus rein.
Sie trippeln und trappeln hin und her,
liebe Zwerglein vom Nikolaus, wir danken euch sehr.

Aus einem Handtuch schauen die Daumen, die Zwerge, heraus. Sie trippeln hin und her und füttern die hungrigen Tiere.

Wir warten auf den Nikolaus – Kannst du reimen?

Dieses Gedicht ist auch gut als Reimspiel geeignet:

St. Niklaus ist ein frommer Mann,
der fährt weit übers Meer.
Er hat die vielen Kinder lieb,
schleppt seinen Sack uns her. (. . . her)
Ganz brav trabt auch der Esel mit
und spitzt die grauen Ohren.
Nur langsam geht die weite Fahrt,
habt ihr auch nichts verloren? (. . . verloren)
Was seh' ich da in Eis und Schnee?
Rosinen, Mandelkern,
auch rote Äpfel, Marzipan,
die ess' ich gar zu gern. (. . . gern)
Und hier ist das nicht Engelshaar
auf grünen Tannenspitzen?
Und golden auf den Zweigen dort
seh' ich die Sterne blitzen. (. . . blitzen)
Bald werden wir dich, Niklaus, sehn,
wir zünden an ein Licht!
Doch laß die Rute draußen stehn,
nun komm, vergiß uns nicht! (. . . nicht)

Geheimnisse und Wünsche vor Weihnachten

Text: Barbara Cratzius Musik: Ludger Edelkötter

2. Am Kranz die zweite Kerze brennt,
   wir alle feiern den Advent . . .

3. Am Kranz die dritte Kerze brennt,
   wir alle feiern den Advent . . .

4. Am Kranz die vierte Kerze brennt,
wir alle feiern den Advent.
Ich will dir ganz laut sagen:
Kommt, wir wollen uns vertragen!
Frieden, Freude, uns und aller Welt,
Licht, das uns erhellt.
Frieden, Freude, uns und aller Welt,
Licht, das uns erhellt.

Spielvorschlag:
Dieses Lied kann in einer großen Kindergruppe gut eingesetzt werden, wenn in der Adventszeit der Adventskranz aufgehängt wird.
Vielleicht haben die Kinder auch gemeinsam in einer Gärtnerei oder beim Förster Zweige geholt und geholfen, den Kranz zu binden.
Dabei kann ihnen bewußt werden, wie gut die Zweige duften, daß es verschiedene Tannenbaumarten mit verschiedenen Nadeln gibt . . .
Es wäre möglich, daß der Adventskranz in der Mitte des Spielkreises steht. – Vier Kinder sitzen mit Kerzen in der Hand im Kreis verteilt (Vorsicht! Papppteller unter der Kerze). Beim Singen der einzelnen Strophen treten die Kinder nach vorn und stecken die Kerzen in den Kerzenhalter am Kranz. Die Erzieherin zündet sie dort an. (Ältere Kinder können auch mit einer brennenden Kerze nach vorn treten.)
Bei der Stelle „ich will dir heimlich sagen“ flüstern die Kinder zuerst ihrem Nachbarn rechts, dann links, dann wieder rechts ihre Wünsche ins Ohr.
Bei der letzten Strophe stehen wir alle auf, fassen uns bei „Kommt, wir wollen uns vertragen“ an den Händen und heben sie hoch, als ob wir ein schützendes Dach bilden wollten.
Im häuslichen Kreis sitzen wir um den Tisch herum, Mutter oder Vater zünden nacheinander die Kerzen an, am Schluß geben wir uns die Hände.

Anagramm-Spruch

Nikolaus, Nikolaus, geh nicht vorbei an unserm Haus!
Ist dein Sack auch groß und schwer?
Kommst du mit Esel und Schlitten her?
O – hör mal, ich hab' mich mit Ingo vertragen,
Lieb war ich, du kannst ja Mami fragen!
Auch will ich heimlich keine Smarties mehr naschen.
Und ganz von allein Papis Auto waschen!
Stopf alle meine Stiefel voll im Haus,
lieber, lieber Nikolaus!

Kannst du noch andere Verse finden?

Die Tiere warten auf den Nikolaus

Text: Barbara Cratzius
Musik: Ludger Edelkötter

2. Die Krähe auf der Tanne
guckt sich die Augen aus.
Auf einmal ruft sie: „Endlich!
Ich seh' den Nikolaus!"

3. Los, Eule, heb die Schwingen
und heul ganz laut: Schuhu!
Wecke auch den Siebenschläfer
aus seiner Winterruh!

4. Schnell, Fips, du brauner Hase,
spring flink auf deinen Stein
und schlag mit hartem Schlegel
laut auf die Trommel ein!"

5. Der alte Igel Karli
hat sich im Laub versteckt.
Ganz zornig brummt er: „Hoppla!
Ihr habt mich aufgeweckt!"

6. „Komm, Stachelfritz, beeil dich,
heraus aus deinem Nest!"
ruft Eichhörnchen Mathilde,
„bald ist doch Weihnachtsfest!

7. Du kannst den Brummbaß spielen,
Posaune bläst der Bär!"
Der tappt mit schweren Pfoten
aus seiner Höhle her.

8. Der Fuchs, der spielt die Geige,
das Reh, das steht ganz vorn
und bläst mit spitzen Lippen
ganz laut dazu das Horn.

9. Das Wildschwein, das will singen,
es grunzt ganz fürchterlich.
Da schwingt ganz keck die Beine
der flotte Mäuserich.

10. So klingt es durch die Tannen,
St. Niklaus hört's von fern.
Es leuchtet ihm die Wege
der helle Weihnachtsstern.

Spielhinweise:
Die Kinder sitzen im Stuhlkreis. Ein älteres Kind, die Erzieherin oder der Vater warten vor der Tür als Nikolaus. Man kann vielleicht schon das Stampfen der schweren Stiefel hören.
Den Kehrvers können alle Kinder mitsingen. Bei jüngeren Kindern, für die die vielen Strophen zu lang sind, kann die Erzieherin die einzelnen Strophen singen. Ältere Kinder werden sicher alle Strophen gern mitsingen.
Nun spielen einzelne (oder mehrere Kinder) die angegebenen Tiere. Die Krähe sitzt erhöht auf einem Tisch oder Kasten und späht nach dem Nikolaus aus. Die Eule schlägt mit den Flügeln und ruft laut ihren Eulenruf. Der Hase hat die Trommel umgebunden und trommelt freudig zur Ankunft des Nikolaus. Der Igel Stachelfell trippelt umher, das Eichhörnchen flitzt geschwind mit seinem langen Schwanz durch die Stühle hindurch; es kann auch von einem erhöhten Platz herunterspringen. Der Bär tappt schwerfällig im Kreis herum und bläst seine (Papp-)Posaune, der Fuchs spielt pantomimisch oder „echt" seine (Papp-)Geige, das gleiche macht das Reh mit seinem Horn. Das Wildschwein stampft grunzend herum, während der Mäuserich ganz beschwingt die Beine hebt.
Dann teilt der Nikolaus seine Gaben aus. Sicher hat er neben Kohl und Salat auch Pfefferkuchen, Äpfel und Nüsse für die Tierkinder bereit.
Vielfältige Vorschläge für die Kostümierung finden sich in dem Buch: B. Cratzius, „Theaterstücke zur Weihnachtszeit", Ravensburger.

11. Der Esel schleppt die Säcke,
St. Niklaus teilt gern aus.
Die Nüsse für Frau Eichhorn
und für die kleine Maus.

12. Er hat für alle Tiere
was Gutes mitgebracht.
Am Baum die Kerzen brennen
im Wald zur Weihnachtsnacht.

Besuch vom Nikolaus

„Heute war es ganz toll im Kindergarten", sprudelt Michael hervor. „Wir haben ein richtiges Nikolausfest gefeiert!" „Die Tische haben wir ganz festlich geschmückt", erzählt Bettina weiter.
„So ein süßer kleiner Apfelnikolaus stand an meinem Platz. Und dann haben wir noch einen Lebkuchennikolaus gebacken!"
„Nicht verraten", schreit Michael, „den kriegen wir doch erst kurz vor Weihnachten mit nach Haus!" „Bis dahin hab' ich's längst vergessen", sagt die Mutter lachend. „Ist der Nikolaus denn wirklich zu euch gekommen?" „Ganz doll gebummert hat er an der Tür", erzählt Michael. „Aber ich hab' überhaupt keine Angst gehabt. Er sah nämlich ganz lieb und freundlich aus. Und er hat uns eine lange Nikolausgeschichte erzählt, wie er den drei armen Mädchen geholfen hat. Die Goldäpfel hat er ihnen durchs Fenster geworfen. Und Bettina hat sogar ein Gedicht aufgesagt und ist nicht stecken geblieben!"
„Und seinen Sack hat er auch aufgemacht", sagt Bettina. „Das hat so gut nach Lebkuchen geduftet. Ich hab' ein Lebkuchenpferd und zwei goldene Nüsse bekommen!"
„Wir haben dem Nikolaus ganz lange nachgewinkt", ruft Michael. „Und dann haben wir die Geschichte von den armen Mädchen nachgespielt. Ich war der Nikolaus und hab' drei Tennisbälle mit Gold drum herum durchs Fenster geworfen!" Michaels Backen sind ganz rot geworden vor Begeisterung. „Am liebsten kann der Nikolaus morgen früh wieder in den Kindergarten kommen", ruft er. „Das hat so Spaß gebracht!"
„Wer weiß, vielleicht kommt er morgen zu uns nach Hause", sagt die Mutter und lächelt geheimnisvoll.

6. Dezember *Nikolaustag*

Heute kommt der Nikolaus

Im Wohnzimmer sitzen die Großeltern, Vater und Mutter und die drei Kinder um den Adventskranz. Mutter hat die dicke gelbe Kerze angezündet. „Das riecht schon richtig ein bißchen nach Weihnachten", sagt Michael.

Auf der Treppe sind schwere Schritte zu hören. Dreimal klingelt es an der Wohnungstür. Bettina stößt Michael an. „Du, mir ist schon ganz mulmig im Bauch", flüstert sie. „Mami, du sagst dem Nikolaus doch nicht, daß ich gestern deine schöne bunte Sammeltasse kaputt gemacht hab'!" – „Und auch nicht, daß ich heute aus der Keksdose zwei Schokoladenherzen genascht hab'", stößt Michael leise hervor. „Aber Kinder", lacht Mutter, „wir wollen uns doch auf den Nikolaus freuen. Er kommt doch nicht mit der Rute zu uns und will euch auch nicht bestrafen. Ihr werdet sehen, er ist ganz lieb und freundlich."

Vater macht die Tür auf. Eine große Gestalt mit weitem rotem Mantel, einem gedrehten Bischofsstab und einer schön geschmückten Bischofsmütze kommt herein. Die dunklen Augen unter den buschigen weißen Brauen blitzen die Kinder ganz vergnügt an. „Merkwürdig, irgendwo hab' ich so ein freundliches Gesicht schon mal gesehen", überlegt Jan. Auch die Stimme kommt ihm ganz vertraut vor. – Nikolaus stellt den schweren Sack ab und spricht:

> Ich komme als St. Nikolaus zu euch herein,
> ich grüß' euch alle, groß und klein.
> Da seh' ich Bettina, Michael und Jan,
> vom Bischof Nikolaus sollt ihr hören, dem guten Mann.

Bettina hat einen ganz roten Kopf bekommen. „Woher der Nikolaus nur meinen Namen weiß", denkt sie. „Hoffentlich hat der Nikolaus nicht gemerkt, daß ich schon gestern meinen Schuh rausgestellt habe", überlegt Michael. „Wenn er mir bloß heute noch was in seinen Sack gesteckt hat!"
Jan guckt den Nikolaus aufmerksam an. Er will genau zuhören. „Vielleicht kann ich morgen in der Religionsstunde ein bißchen vom Bischof Nikolaus erzählen", denkt er.
„Die Geschichte des Bischofs von Myra ist vor sehr, sehr langer Zeit geschehen!" erzählt der Nikolaus, und er fährt fort:

Die Sonne brannte vom Himmel herab,
die Brunnen waren alle leer.
Das Gras war verdorrt, das Korn verbrannt,
die Bäcker konnten nicht backen mehr.

Die Menschen klagten und hungerten sehr.
Die Kinder weinten in ihrer Not.
Sie baten den Bischof: O hilf uns doch,
wir haben kein Korn, wir haben kein Brot.

Der Bischof sprach: „Vertraut auf Gott,
er wird uns aus Angst und Not befrein.
Wir wollen beten zu unserm Herrn,
er wird uns helfen, wir sind nicht allein.

Seht ihr die Segel am Horizont?
Da fahren Schiffe über das Meer.
Führ in den Hafen sie, lieber Gott,
und schick uns Brot und Rettung her!

Die Schiffe fuhren nach Myra hinein,
gefüllt mit Korn bis zum höchsten Rand.
St. Nikolaus rief: „O teilt euer Korn,
helft unsern Kindern, rettet das Land."

„Wir dürfen nicht teilen, verzeiht uns doch,
es trifft uns hart des Kaisers Zorn",

so sprach der Hauptmann, „weh uns , weh,
fehlt nur *ein* Sack, fehlt nur *ein* Korn!"

„Teilt eure Fracht, helft unsrer Stadt",
rief da der heilge Nikolaus,
„wiegt eure Säcke, glaubt meinem Wort,
mit gleicher Ladung fahrt ihr nach Haus!"

Da leerten die Schiffer die Säcke aus,
die Menschen bekamen Korn und Brot.
Sie dankten Gott und St. Nikolaus,
zu Ende war ihre große Not.

Nun hab' ich euch die Geschichte erzählt,
St. Nikolaus liebt groß und klein.
Er zeigt, wie man andern helfen kann.
In seinem Namen tret' ich herein.

Kommt, singt mir eure Lieder vor,
wißt ihr ein Gedicht für St. Nikolaus?
Bettina und Michael und der Jan?
Dann leer' ich den großen Sack für euch aus.

Bettina trippelt aufgeregt von einem Bein auf das andere. „Jan soll aufsagen!" flüstert sie. Michael guckt mit glänzenden Augen auf den großen Sack. Ob das kleine blaue Auto drin ist?
„Weißt du, Nikolaus", sagt Mutter, „wir könnten dir ja zuerst ein altes Nikolauslied mit neuen Strophen vorsingen. Das hat Jan aus der Schule mitgebracht. Die Melodie „Laßt uns froh und munter sein" können die Kleinen mitsummen. Und Jan und Vater und ich und vielleicht Oma und Opa singen dann den neuen Text vor.

Niklaus, Niklaus, guter Mann

Niklaus, Niklaus, guter Mann,
halt doch deinen Esel an.
Gutes Heu, so warm und weich
kriegt der liebe Esel gleich.

Niklaus, komm zu uns herein,
sollst uns sehr willkommen sein.
Sieh, bei uns, da brennt noch Licht,
Nikolaus, vergiß uns nicht.

Niklaus, Niklaus, guter Mann,
weißt du, daß ich singen kann.
Niklaus, komm in unser Haus,
leer doch bald dein Säcklein aus.

Du halfst Menschen in der Not,
gabst das Korn, das Mehl, das Brot,
halfst den Schiffern in der Flut,
Niklaus, du bist lieb und gut.

Niklaus, komm, wir warten sehr,
deine Hände sind nicht leer.
Komm zu uns auch dieses Jahr,
reich uns deine Gaben dar.

„Das habt ihr fein gemacht!" sagt der Nikolaus mit tiefer Stimme. „Und du, Bettina, weißt du auch ein neues Gedicht?"
„Ja, ja", stottert Bettina. Aber dann sagt sie langsam und deutlich auf:

„Stapf, stapf, Nikolaus,
du stehst vor der Tür.
Stapf, stapf, Nikolaus,
sag, was bringst du mir"?

Und Michael spricht weiter:

„So ein schönes blaues Auto,
Steckt das drin im Sack?
Trägst du Äpfel, Birnen, Nüsse
zu uns huckepack?"

Bettina fährt fort:

„Eine kleine Babypuppe
und den Teddybär.
Auch ein neues Bilderbuch,
wird das nicht zu schwer?"

Dann sprechen beide zusammen: „Wir wollen auch an andere denken,
vielen etwas Liebes schenken.
So viel bunte schöne Sachen
können wir schon selber machen
mit der Schere, mit Papier,
Nikolaus, wir helfen dir.“

„Sehr schön“, sagt der Nikolaus, „so, nun dürft ihr auch mal in den großen Sack langen!“ Michael faßt als erster hinein. Ein Päckchen mit einem großen roten **B** holt er heraus. „Bettina, das ist für dich!“ ruft er. Noch einmal faßt er hinein. Ein blaues **M** steht da auf dem Päckchen. Aufgeregt packt er es aus. Da – das kleine blaue Auto und noch ein grünes Polizeiauto mit einem Stern dazu. Und Haselnüsse und Marzipanfiguren und Mandarinen! Jan hat ein langes flaches Päckchen bekommen. „Toll“, freut er sich, „das ist genau das richtige Modell für meine Flugzeugsammlung!“
Bettina hat den kleinen Teddy im Arm und hüpft aufgeregt herum. „Danke, danke, lieber Nikolaus“, ruft sie. Das neue Bilderbuch bringt sie zur Oma. „Oma, liest du mir gleich draus vor?“ bettelt sie.
Nun hebt der Nikolaus den schweren Sack wieder auf den Rücken. Er winkt den Kindern zu. „Auf Wiedersehen bis zum nächsten Jahr!“ ruft Jan ganz laut. „Erzählst du uns dann wieder eine so schöne Geschichte?“ fragt Michael ganz mutig. „Nächstes Jahr hört ihr die Geschichte von den drei goldenen Äpfeln“, lacht der Nikolaus. „Der Bischof von Myra hat so vielen Menschen geholfen, da könnte ich euch noch viele, viele Geschichten erzählen!“
Eine Weile hören sie noch seine schweren Schritte die Treppe hinunterstapfen. Dann ist alles still. „War eigentlich ganz gut“, denkt Jan, „der Nikolaustag ist doch nicht nur für die ganz kleinen Kinder gedacht. Morgen in der Schule kann ich den andern viel erzählen. Wenn ich bloß wüßte, wo ich den Nikolaus schon mal gesehen habe!“

Wie die Zwerge dem Nikolaus helfen

Text: Barbara Cratzius Musik: Ludger Edelkötter

Wer hämmert, malt und schneidet, sägt,
wer sticht die Kuchen aus?
Wer pinselt süßen Zuckerguß
aufs Dach vom Knusperhaus?

Beim Kehrvers können die acht Zwerge als Fingerpuppen erscheinen; auf einem Zeigefinger könnte der Nikolaus – etwas größer gearbeitet – sitzen.

Spielhinweise:
Dieses Spiellied, dessen Kehrvers auch von den jüngeren Kindern schon mitgesungen werden kann, bietet viele Spielmöglichkeiten. Eine ganze Kinderschar kann dem Nikolaus bei seiner schweren Arbeit helfen. Das Hämmern, das Malen, Schneiden und Sägen, die Arbeit in der Zwergenhöhle und das Fertigstellen des Hexenhäuschens kann pantomimisch oder mit echten Gerätschaften ausgespielt werden. Die Spieltiere werden repariert, die Eselsspur wird gesucht, der schwere Sack wird getragen und dem Nikolaus wird geholfen, durch den engen Schornstein (Pappkarton) hinaus- und hineinzukommen.
Wenn der Nikolaus im Bett liegt, bekommt er heißen Tee. Eine lustige Szene ist auch, wenn die Kinder im Spielkreis die vielen Zettelchen hochpusten und die Zwerge sich vergeblich mühen, sie einzusammeln.
Dann schreiben sie pantomimisch (oder wirklich) die Wunschzettel der Kinder neu.

Wer macht den Teddy wieder heil,
wer leimt vom Pferd das Bein?
Ich glaub', das kann im Winterwald
das Zwergenvolk nur sein.

Und brummt der gute Nikolaus:
„Wo ist der Esel nur?"
Dann findet schnell im Schnee ein Zwerg
die lange Eselsspur.

Und brummt der gute Nikolaus:
„Ist wohl ein Loch im Sack?"
Dann tragen alle Zwerge ihn
ganz lachend Huckepack.

„Der Schornstein ist für mich zu eng!"
so stöhnt der Nikolaus.
„Wir helfen!" ruft der Zwergenchor,
„hinein und auch hinaus!"

Und ist er krank, der Nikolaus,
vor lauter Eis und Schnee,
dann bringt das kleinste Zwergenkind
ihm heißen Fliedertee.

Und sind die Wunschzettel – o weh –
verweht im Winterwind,
dann schreibt die ganze Zwergenschar
sie noch einmal geschwind.

Sabine kriegt das Puppenkleid,
den Gocart dann der Klaus.
Und alle Kinder groß und klein
beschert der Nikolaus.

Ein Schiff für den Nikolaus

Wir basteln ein Schiff aus Pappe:
1. Schneide für den Schiffsboden ein Rechteck aus Pappe zu, 30 cm lang und 17 cm breit.
2. Zeichne „Bug" und „Heck" des Schiffes auf das Rechteck und schneide den Schiffsboden zu.

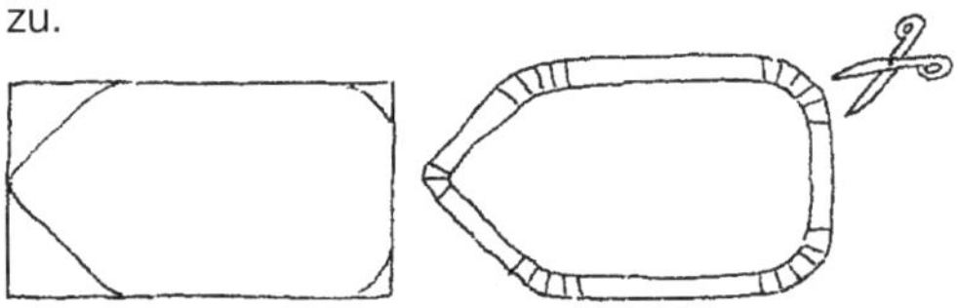

3. Zeichne 1 cm vom Rand entfernt eine Linie und schneide sie an allen Rundungen und der Spitze ein.
4. Falte den Rand hoch.
5. Schneide einen Pappstreifen zu: 8 cm breit und 80 cm lang.

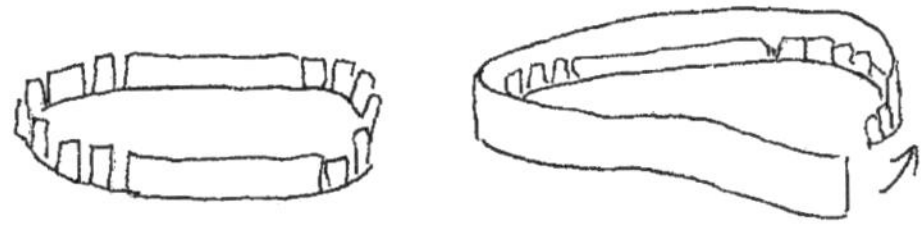

6. Streiche den hochgestellten Rand des Schiffsbodens außen mit Klebstoff ein und klebe den Pappstreifen als Schiffsbord am Rand des Bodens fest. Beginne am „Heck".
7. Als Halterung für den Mast wird ein Stück Holzleiste in den Schiffsrumpf geklebt, in deren Mitte ein Loch für den Mast gebohrt wurde.
8. Als Mast verwende einen runden Holzstab, 25 cm lang.
9. Das Segel aus Goldfolie ist 15 cm breit und 21 cm lang. Es wird an der unteren und oberen kurzen Seite von zwei Löchern durchbohrt (1 cm vom Rand entfernt) und auf den Mast gezogen. An die Mastspitze klebe einen langen flatternden Wimpel. Zum Schluß wird das Schiff bemalt und mit Päckchen voller Überraschungen gefüllt. *(E. Scharafat)*

Nikolaus ruft

Ihr Finger, ihr Finger, ich muß euch
sehr bitten,
wer zieht meinen schweren großen
Schlitten?
Mein Esel hat ein schlimmes Bein,
nun steh' ich im Winterwald ganz allein.
Die Kinder warten in jedem Haus
auf den großen Sack vom St. Nikolaus.
Der Daumen, der packt vorne an,
der Schlitten ist schwer, o Mann, o Mann!
Der Zeigefinger sagt: „Das schaff' ich nicht,
die Säcke haben zu viel Gewicht!"
Der Mittelfinger seufzt: „O nein, o nein,
das wird mir ganz unmöglich sein!"
Der Ringfinger schafft es ein kleines Stück,
dann stöhnt er: „Nein, ich hab' kein
Glück!"
Der Kleine lacht: „Wir packen alle an,
die ganze Hand es wohl schaffen kann!"
Und langsam, langsam, Schritt vor
Schritt
ziehen alle den schweren Schlitten mit.
St. Nikolaus brummt: „Das geht
wunderbar
auch ohne Esel in diesem Jahr!"
Und alle Kinder, Haus an Haus,
freuen sich auf die Gaben vom Nikolaus.

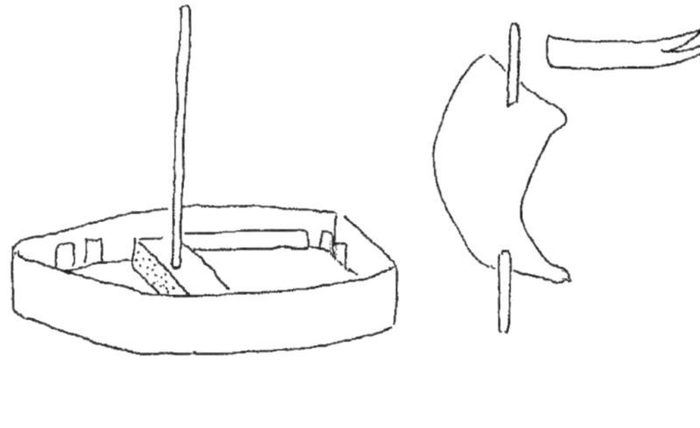

7. Dezember

Rund um den Adventskranz

„Jetzt müssen wir nur noch die Stühle aus der Küche dazuholen!" ruft Jan. Er hat zwei seiner Fußballfreunde eingeladen. Ricardo, Carmen und Mahmud, die Kinder ausländischer Nachbarn, die mit Bettina und Michael in den Kindergarten gehen, sind auch zur Adventsstunde gekommen.
Und natürlich Tanja und Martin von nebenan.
Das ist eine bunte Runde um den Adventskranz. Mutter zündet die zweite Kerze an. Auf dem Tisch steht eine große Schale mit Nüssen und Lebkuchen. Mutter hat sich viele neue Spiele ausgedacht. Da können auch die Kleinsten schon mitspielen.

Schwimmende Lichter

Kleine Joghurtbecher mit einem Teelicht eignen sich gut für diesen adventlichen „Lichtersee".
Jeder Mitspieler kennzeichnet sein „Schiff" mit einer bestimmten Farbe. Wir füllen eine Schüssel mit Wasser und setzen die Lichterschiffe, die etwa zur Hälfte mit Wasser gefüllt sind, hinein.
Nun würfeln wir reihum. Wer eine Eins würfelt, muß aus einem bestimmten Gefäß (Teelichtbehälter oder Fingerhut) Wasser in sein „Schiff" füllen. Allmählich werden die Schiffe sinken und die Lichter verlöschen.
Der Sieger, dessen Kerze am längsten brennt, darf ein neues adventliches Spiel vorschlagen oder darf in den Nikolausstiefel greifen.

Weihnachtliches Versteckspiel

Sebastian hat eine Nuß im Zimmer versteckt. Sie muß aber für alle sichtbar sein, z. B. auf einem Blumentopf, auf der Lampe . . .
Nun müssen die Mitspieler im Zimmer umhergehen und suchen.
Wer die Nuß entdeckt hat, darf 10 weitere Nüsse knacken.

Federn pusten

In der Mitte des Adventstisches steht ein Nußknacker oder ein Apfelmännchen oder ein Räuchermännchen.
Legt nun eure Federn auf den Handrücken und pustet sie mit aller Kraft dem Ziel entgegen.
Der Spielleiter paßt auf, wessen Feder z. B. den Kopf oder den Fuß des betreffenden Zielgegenstandes erreicht hat.
Jeder darf dreimal pusten. Der Sieger darf in den Nikolaussack langen.

Spiel mit dem Nikolausschlitten

Jeder Spieler bekommt eine Spielfigur (Halmafigur, Mühlestein, Nuß . . .). Nun wird reihum gewürfelt.
Wer auf einen vollbeladenen Nikolausschlitten trifft, darf vier Kästchen vorrücken. Wer auf einen leeren Schlitten trifft, muß vier Kästchen zurückgehen. Wer auf den voll beladenen Esel trifft, darf drei Kästchen vorrücken; wer auf den Esel ohne Säcke trifft, muß drei Kästchen zurückgehen.
Wer als erster bei dem Nikolaus in der Mitte angelangt ist, darf auch als erster in den Nikolaussack greifen (die andern je nach Reihenfolge). Der Sieger darf z. B. auch die Kerzen am Kranz oder das Räuchermännchen anzünden oder darf sich wünschen, wohin der Ausflug am nächsten Adventssonntag gehen soll.

Wer läutet als erster die Glocke?

Zwei Spielern werden die Augen verbunden. Im Zimmer werden am Fenster, am Adventskranz, unter der Lampe kleine Weihnachtsglöckchen aufgehängt. Nun müssen die Spieler vorsichtig die Glöckchen ertasten und läuten. Der Sieger darf zum bunten Teller greifen.

Ganz schnelle Schneewittchen-Torte

Was macht Schneewittchen, wenn es ganz überraschend Besuch von den sieben Zwergen bekommt und alle Weihnachtskekse aufgegessen sind?

Schneewittchen hat als „eiserne Reserve" einen dunklen Fertig-Tortenboden aus Vollmehl (Reformhaus) oben auf dem Küchenschrank stehen. Den schneidet es zweimal durch und schlägt 3/4 l Sahne steif. Gut die Hälfte der Sahne mischt sie mit Blaubeeren oder Preiselbeeren aus dem Glas (vorher auf ein Sieb zum Abtropfen geben). Gut geeignet ist auch Preiselbeermarmelade. Das Sahnegemisch wird auf den ersten Tortenboden gestrichen, der zweite Tortenboden wird darübergelegt und die restliche Früchtesahne aufgestrichen. Dann wird der dritte Boden darübergelegt und der Rand und der Deckel der Torte gleichmäßig mit der restlichen Schlagsahne bestrichen.
Mit Schokoladenblüten und -blättern und mit Borkenschokolade wird die Torte verziert.

Und was haben wohl die Zwerge aus dem Wald gerufen?

Schneewittchen, du kannst zaubern,
die Torte, die schmeckt gut.
So schwarz wie Holz, so weiß wie Schnee
und rosarot wie Blut.
Was fingen wir ohne Schneewittchen an,
wir Zwerge im tiefen, tiefen Tann?
Schneewittchen, hüte noch lang unser Haus,
dann ziehn wir gern in den Wald hinaus!

Guten Appetit bei Schneewittchens Waldbeerentorte!
Übrigens – wenn die Zwerge ihren Honigschnaps oder ihren Rum herausrücken (Böden damit beträufeln), schmeckt die Torte besonders gut.
Für Kinder sollte sie aber ohne Alkohol zubereitet werden!

Alle Jahre wieder

Nach der bekannten Melodie

Kehrvers:
Alle Jahre wieder
liegt was in der Luft,
riecht nach Zimt und Honig,
das ist Weihnachtsduft.

Till und Fred, Sabine,
hier und dort im Land,
gehn dem Weihnachtsmanne
überall zur Hand.

Heute wolln wir backen,
holt das Mehl heraus.
Zucker, Honig, Butter
für das Hexenhaus.

Erst die großen Platten,
Wände, Dach und Tür.
Für den Zaun die Platten,
alles backen wir.

Herzen, Mond und Sterne
stechen wir noch aus,
schmücken sie mit Mandeln
für das Hexenhaus.

Seht – das Dach kriegt Zapfen
wie aus Schnee und Eis,
können gar nicht schmelzen,
ist es noch so heiß.

Hänsel und die Gretel
in dem Winterwind
knabbern alle Mandeln,
Nüsse ab geschwind.

Seht – die böse Hexe
lachen frech sie aus,
naschen Mond und Sterne
von dem Hexenhaus.

Von dem letzten Fenster
fehlt ein großes Stück.
Vati lacht: „Na wartet –
das ist euer Glück!

Naschkatzen, die kleinen,
schlüpfen schnell hinaus.
Na, wer weiß, wie lange
steht das Hexenhaus??“

Sing- und Malhinweise:
Kleine Kinder singen jeweils den Kehrvers mit. Größeren Kindern wird das gesamte Strophenlied Freude machen. Pantomimisch können die Kinder die einzelnen Strophen begleiten. Spaß macht es auch, wenn ein oder mehrere Kinder das Hexenhaus aufmalen, während die anderen singen.
Bei einem großen Hexenhaus mit vielen Pfefferkuchen kann eine ganze Kinderschar beteiligt werden. Jedes Kind kann auch einen Pfefferkuchen auf Tonpapier malen. Am Schluß wird das ganze Hexenhaus beklebt.

Dekorative Weihnachtsanhänger

Material:
Fotokopie eines Weihnachtsliedes oder Weihnachtsgedichtes oder eine Kinderzeichnung auf Fotokopiepapier, z. B. Engel, Größe ca. 8 × 14 cm.
Bienenwachs, Goldlackstift, Goldband,
Heißkleber oder UHU-Alleskleber.

Für größere Kinder:
Perlen, Pailletten, getrocknete Gräser oder Blümchen
Bouillon (= feingedrehter Golddraht aus dem Bastelladen),
dünner Basteldraht,
eventuell Gewürze wie Nelken, Sternanis, Zimtrinde.

Werkzeug:
Schere, Pinzette

Arbeit:
Das Bienenwachs in einem alten Topf im Wasserbad erhitzen.
Den Arbeitsplatz mit alten Zeitungen abdecken.
Die Fotokopie oder Zeichnung beliebig zuschneiden (Stern, Herz, Rechteck)
und mit einer Pinzette kurz in das heiße Bienenwachs tauchen.
In noch warmem Zustand formen (wirkt wie Pergament – sehr nostalgisch).
Die Ränder mit einem Goldstift verzieren,
Goldband als Aufhänger ankleben.
Größere Kinder können mit Hilfe der Erzieherin kleine Sträußchen montieren und an einer Ecke ankleben (UHU oder Heißkleber).
Wirkt sehr schön auf einem großen Zweig mit Goldschleifen oder Zapfen. *(M. Schacherbauer)*

8. Dezember

Hurra – endlich schneit es!

Heute ist Bettina ganz früh aufgewacht. Alles ist noch still in der Wohnung. Merkwürdig, es ist doch schon so hell draußen! Sie zieht die Vorhänge zur Seite und macht das Fenster auf. Mitten hinein faßt sie in den schönen weichen Schnee auf dem Fensterbrett. Sie formt einen Schneeball und huscht zu Michaels Bett. „Michael! Michael! Aufwachen! Augen zu, Hand auf! Ich hab' eine tolle Überraschung!"
Michael streckt ihr die Hand entgegen. „Hu, ist das kalt", stöhnt er. Dann springt er aus dem Bett und stürzt ans Fenster. Schnee! Schnee! Und es schneit immer mehr! „Toll", ruft er, „nachher ziehen wir mit dem Schlitten gleich zu Opa und Oma. Die haben einen richtigen Berg hinterm Haus! Und einen großen Schneemann bauen wir im Garten!" „Mami! Mami! Aufstehen", ruft Bettina, „sonst taut der Schnee noch weg!"
„Immer langsam", lacht Mutter. „Erstmal wird gefrühstückt. Und dann zieht ihr euch richtig warm an!"
Endlich stapfen die beiden mit ihrem Schlitten durch den Schnee. „Guck mal, die Autos kommen gar nicht richtig vorwärts", wundert sich Bettina. „Wir sind zu Fuß schneller an der Kreuzung als die lange Autoschlange!"
Als sie in die Straße der Großeltern einbiegen, winkt ihnen Großvater schon mit dem Schneebesen entgegen. „Ach, Opa, feg bloß nicht den ganzen Schnee weg!" ruft Bettina. „Können wir auf dem Berg hinter dem Haus überhaupt noch rodeln?" „Na, probiert's nur aus!" lacht der Großvater. Da sausen die beiden

hinunter, einmal, zweimal, immer, immer wieder. „Ihr seid ja Rodelweltmeister“, meint der Großvater. „So, nun macht erst mal Pause! Wie wär’s mit einer kleinen Schneeballschlacht?“ „Toll!“ lacht Michael. Schon sausen die Bälle durch die Luft. „Nicht immer in meinen Kragen! Das ist zu eklig“, schreit Bettina. „Werft lieber an die Garagenwand“, ruft der Großvater.
Michael zielt genau. „Da, zwei Augen“, ruft er, „zwei weiße Schneeaugen! „Und ich werf’ ein Mondgesicht!“ ruft Bettina. „Dein Mond hat ja eine schiefe Nase“, lacht Michael.
„So, nun wärmt euch im Zimmer auf“, bestimmt der Großvater. „Wir zünden eine Kerze an. Oma weiß auch ein neues Schneeflockenlied. Die Melodie kennt ihr“:

Schneeflöckchen, Weißröckchen,
wann kommst du geschneit?
Du wohnst in den Wolken,
dein Weg ist so weit.

Kommt, setzt euch ans Fenster,
aufs Dach, auf den Zaun.
wir wollen gleich heute
einen Schneemann uns baun.

Einen Schneemann aus Flocken,
sein Bauch ist kugelrund.
Aus zwei Kohlen die Augen
und schwarz ist der Mund.

Eine Schneefrau aus Flocken
mit Mutters altem Hut.
Und der Schal von Bettina,
der steht ihr so gut.

Schneeflöckchen, Weißröckchen,
ach, so schneit immer mehr!
Wir warten schon lange,
und wir mögen euch sehr.

Wer bin ich?

Kurze Zeit ich lebe nur,
gläsern glitzernd, lange Spur.
Und mein dünnes Ende weint,
wenn die Sonne mich bescheint.

Ja, dann geht es tropf, tropf, tropf
platsch – auf deinen kleinen Kopf.
Immer kürzer wird mein Ende,
Petrus, schnell die Wolken sende!

Schicke klaren Frost die Nacht,
denn dann halt' ich länger Wacht.
Kann die Bäume, Zäune schmücken,
brich mich, Kind, nicht gleich in Stücken!

Denn ich leb' nur kurze Zeit,
kennst du, Kind, mein gläsern Kleid?

(Eiszapfen)

Rätselgedicht

Was braucht keinen Hafer,
ist doch schnell wie ein Roß?
Was kann gar nicht schnauben,
was ist denn das bloß?
Was läßt uns stolz reiten
über Stock, über Stein?
Das kann doch im Winter
der . . . nur sein

(Schlitten)

Schneeball-Rätsel

Fliegen kann ich ohne Flügel,
ich komm' im Winter zu dir her.
Bin rund und weiß und schrecklich kalt,
nun rate du, es ist nicht schwer.

(Schneeball)

Das Lied vom Schneemannkind

Text: Barbara Cratzius
Musik: Ludger Edelkötter

Die Kohlenaugen gucken stolz
aus seinem runden Kopf.
Und oben drauf, da stülpen wir
noch Mutters Suppentopf.

Nun steht er draußen vor dem Zaun
die lange Winternacht.
Auf einmal hör' ich's: Tropf, tropf, tropf,
da bin ich aufgewacht.

Ganz klein ist unser Schneemannkind,
so kommt doch her und schaut.
O weh – aus Süd der warme Wind,
der hat ihn weggetaut.

Spielvorschlag:
Zu diesem Spiellied kann ein Kind in der Kreismitte knien. Die anderen Kinder rollen pantomimisch Schneekugeln heran. Wenn der „Schneemann" fertig ist und sich aufgerichtet hat, können die Kinder ihm ein weißes Laken umhängen und einen Kopftopf aufsetzen. Dann pusten alle den Südwind herbei; Orff-Instrumente können das Sausen des Windes verstärken.
Das Schneemannkind wird kleiner und kleiner, bis es in sich zusammensinkt.

Reimspiel

Draußen wirbeln schon die Flocken,
wer will noch zu Hause . . . (hocken)

Mütze, Schal und Winterschuh.
Wer ist erster? – Ich und . . . (du)

Ich darf auf dem Schlitten sitzen,
meine Pferdchen müssen . . . (schwitzen)

Pferdchen, das sind Till und Klaus,
stapfen in den Wald . . . (hinaus)

Vorn am Berg gibt's groß Geschrei,
Kai und Tini sind . . . (dabei)

Kommt der Jan auf seinem Schlitten
wie ein König . . . (angeritten)

Über Huppel, Stock und Steine,
Jan, so brich dir nicht die . . . (Beine)

Eine lange Schlittenschlange
saust jetzt los – seid bloß nicht . . . (bange)

Schneller als der Sausewind
flitzen wir hinab . . . (geschwind)

Mitten in der Bahn zwei Bäume.
Till, paß auf und ja nicht . . . (träume)

Bums-Pardauz, liegt er im Schnee,
und sein Po – der tut ihm . . . (weh)

Seht – daneben – Müllers Klaus
krabbelt aus dem Schnee . . . (heraus)

Und es geht vergnügt und munter
immer wieder hoch und . . . (runter)

Steckt der Mond die Nase raus,
dann erst gehen wir nach . . . (Haus)

Oh, du frecher Schlitten!

Guckt doch alle aus dem Fenster!
Es schneit, es schneit, es schneit!
So viel schöne weiße Flocken
tanzen her von weit.

Kinder lassen die „Flocken“ mit den Fingern herniedertanzen.

Unser neuer großer Schlitten,
ach, der ist so schwer.
Doch nun läuft er, doch nun läuft er
immer hinterher.

Die Schlitten werden stöhnend aus dem „Keller“ geholt, danach werden sie im Kreis gezogen.

Stipfe, stapfe, stipfe, stapfe
hoch den Berg, das geht so schwer.
Doch nun saust er, und wir laufen
alle hinterher.

Beine hochheben beim „Bergsteigen“. Danach laufen die Kinder in alle Richtungen aus dem Kreis heraus dem Schlitten nach.

Schlitten, Schlitten, halt mal an,
saus doch nicht alleine!
Und nun liegen wir im Schnee,
rausgestreckt die Beine.

Kinder plumpsen in den „Schnee“; Beine hochgestreckt. Danach beginnt das Spiel wieder von neuem.

Aus: B. Cratzius, Noch mehr Fingerspiele und andere Kinkerlitzchen, Rowohlt-Verlag, Reinbek

9. Dezember

Maria mit einer Brille

Jan kommt heute etwas später nach Hause als sonst. „Wir haben so lange noch unser Weihnachtsspiel geprobt", sagt er. „Stell dir vor, Mami, ich darf doch den König spielen. Andreas hat sich das Bein gebrochen und kommt vor Weihnachten nicht mehr in die Schule. Aber weißt du, wer die Maria spielen soll? Die Susanne, die hat doch grade ihre neue Brille gekriegt und sieht ganz komisch damit aus. Maria mit einer Brille, nein, das paßt doch nicht!"

„Warum nicht?" fragt die Mutter. „Glaubst du, die Maria hat so schön ausgesehen, wie sie auf den Heiligenbildern immer dargestellt ist mit Gold und prächtigen Gewändern und langem Goldhaar und einem Lilienstrauß in der Hand?

Maria ist eine einfache demütige Frau vom Lande gewesen; vielleicht hat sie ganz verschrundete Hände gehabt und Sommersprossen im Gesicht; wer weiß denn, ob sie besonders schön gewesen ist. Aber sie hat Gottes Botschaft in sich aufgenommen und ja gesagt zu dem Auftrag, den Gott ihr zugewiesen hat. Darauf kommt es an und nicht auf Glanz und Schönheit. Maria mit einer Brille, das gefällt mir. Und die Susanne ist sicher froh, daß sie die Maria spielen darf."

„Ja, wenn du das so siehst", meint Jan zögernd. „Aber du nähst mir doch noch einen tollen Königsmantel, nicht wahr, Mami? Wenigstens die Könige müssen doch ganz bunt und prächtig geschmückt aussehen!"

Hier folgt das Krippenspiel, bei dem Jan den König gespielt hat.

Vorbemerkung: Dieses Spiel ist mehrmals in einem Dorf in Norddeutschland gespielt worden. Es ist wichtig, daß jede Spielgruppe das Geschehen in seinen eigenen dörflichen oder städtischen Umkreis holt. Dazu müssen die Ortsnamen jeweils eingesetzt werden. Dann findet eine „Translokalisation", d. h. eine Übertragung in den jeweiligen Ortsbereich statt: Wir holen das Kind wirklich zu uns nach Haus! – Dieses Spiel wurde zuerst in einem Reitstall mit echten Ponys und Pferden aufgeführt. Es ist aber auch in jedem anderen Raum spielbar. Maria und Josef sitzen im Hintergrund des Spielraums; die Spieler ziehen vor ihnen her im Halbkreis entlang, bis schließlich alle an der Krippe niederknien.

Wenn Scheinwerfer vorhanden sind, könnten die jeweils agierenden Spieler angestrahlt werden, während die Krippe zunächst im Dunkel bleibt. Am Schluß erfaßt dann der Scheinwerfer das ganze Krippenbild. Die Krippe könnte am Schluß auch mit Kerzen beleuchtet werden.

Krippenspiel im Stall

Hirtenlied (z. B. „Als ich bei meinen Schafen wacht . . .“)

Die Hirten treten von verschiedenen Seiten in den Spielkreis, in dessen Hintergrund Maria und Josef an der Krippe sitzen.

1. Hirte: Ich lag auf den Wiesen bei * . . . am Wald,
ich machte ein Feuer, die Nacht war sehr kalt.
So hell und leuchtend sah ich den Stern,
er kam immer näher zu mir aus der Fern.

2. Hirte: Ich konnt’ nicht schlafen die ganze Nacht,
ich hab’ auf den Feldern draußen gewacht.
Es drängte ängstlich Tier sich an Tier,
in * . . . nicht weit von hier.

4. Hirte: Da sind wir alle losgerannt,
ich hab’ noch die Kanne mit Milch in der Hand.
Und Wolle hier und ein warmes Fell,
so kommt, wir eilen zum Kindlein schnell.

Die drei Weisen mit ihren Dienern kommen möglichst durch den Mittelgang der Zuschauer auf die Bühne gezogen. Sie beginnen schon vor dem Betreten der Bühne zu sprechen. Die Diener können pantomimisch die Pferde an den Zügeln führen.

1. Weiser: Ich trabte auf meinem Pony her,
der Weg war lang, der Weg war schwer.
Den Stern sah ich am Himmel stehn,
nun will ich das Kind in der Krippe sehn.

2. Weiser: Ich komme aus dem heißen Land,
ich Mohr, ich bin ganz braungebrannt.
Die Ketten hab’ ich in der Hand,
ich lenkte mein Pferd durch den Wüstensand.

3. Weiser: Als dritter im Bunde ritt ich mit,
ihr seht mein Pferd mit müdem Schritt.
Wir ritten und ritten viele Stunden,
bis wir das Kindlein im Stalle gefunden.

* Ortsnamen einsetzen

1. Diener: Ich folge treulich meinem Herrn,
wir sahen Tag und Nacht den Stern.

2. Diener: Ich folge dem Herren Tag und Nacht,
ich hab' für das Pony das Futter gebracht.
Und Wasser, viel Wasser, die Wüste war heiß,
doch bald ist zu Ende die weite Reis'.

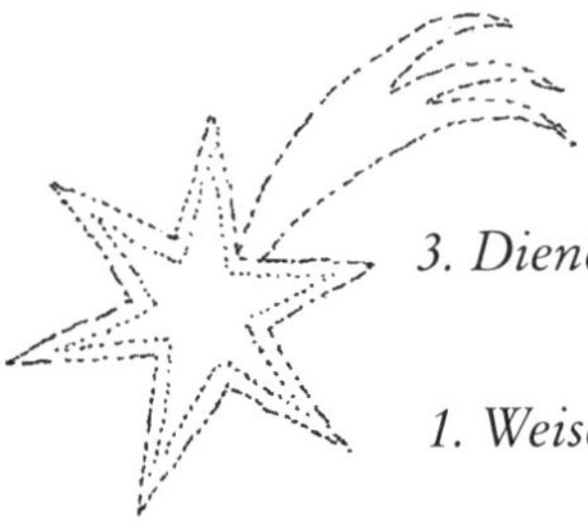

3. Diener: Wir war'n von Schakalen und Löwen bedroht,
doch konnten wir fliehen mit Mühe und Not.

1. Weiser: Nun sind wir am Ziele angelangt,
nach dem wir gesucht und nach dem wir gebangt.

2. Weiser: Da liegt unser Heiland, kommt und seht,
die Tür für uns alle offensteht.

3. Weiser: Nun sind wir nach langem Suchen da,
wo hier in der Krippe das Wunder geschah.

5. Hirte: Ich hör' noch die Engel jubeln und singen,
dies Kind wird euch Frieden und Freude bringen.
Wir sehn überm Stalle den leuchtenden Schein,
wir öffnen die Tür und wir treten herein.

(Sie knien an der Krippe nieder.)

1. Bauer(in): Auch ich sah den Stern, so leuchtend und schön,
er blieb über diesem Stalle stehn.
Ich hab' gehört, ein Kindelein klein,
das soll heut nacht geboren sein.

2. Bauer(in): Ich hab' warme Tücher mitgebracht,
das Kind soll nicht frieren in kalter Nacht.

3. Bauer(in): Ich eil' aus der Küche schnell herbei
und bring' dem Kind einen warmen Brei.

4. Bauer(in): Ich hörte im Dorf von eurer Not,
nun bringe ich Kuchen her und Brot.

5. Bauer(in): Und ich hab' für die kalte Nacht
das Holz aus * . . . euch hergebracht.

6. Bauer(in): Ich eile aus * . . . herbei
und bringe euch frisches warmes Heu.

7. Bauer: Ich bin der Gastwirt und trete ein,
ich bring' für die Eltern ein Krüglein Wein.

(Alle knien nacheinander nieder.)

Ochs: Ich bin der Ochse, ich halt' bei dir Wacht,
ich hauche und wärm' dich die ganze Nacht.

Esel: Ich Esel, ich rühr' mich nicht vom Fleck,
ich jag' dir die bösen Fliegen weg.

1. Weiser: Nun sind wir am Ziele angelangt,
nach dem wir gesucht, nach dem wir gebangt.

2. Weiser: Da liegt unser Heiland, kommt und seht,
die Tür für uns alle offensteht.

3. Weiser: Nun sind wir nach langem Suchen da,
wo hier in der Krippe das Wunder geschah.
Wir knien und reichen die Gaben dir dar,
Gottes Liebe wird allen heut offenbar.

(Die Weisen reichen ihre Gaben, Weise und Diener knien nieder.)

Maria: Ihr Hirten, Tiere, Weisen,
so kommt zum Stall herein.
Mein Kind liegt in der Krippe,
ihr dürft ihm nahe sein.

Josef: Ihr seid zu uns gezogen,
ihr kommt von nah und fern.
Hoch über uns'rer Krippe
glänzt uns der Weihnachtsstern.

* Ortsname einsetzen

Maria: Kniet näher hier beim Kinde,
es liegt auf Heu und Stroh.
Es hebt die kleinen Hände
und macht uns alle froh.
Dies Kind will allen Menschen
Retter und Bruder sein.
So öffnet eure Herzen,
und kehret bei ihm ein.

Gemeinsames Lied: (z. B. „Macht hoch die Tür . . .“)

Aus: B. Cratzius, . . . und alle gehen mit zur Krippe. St. Johannis-Druckerei. Mit freundlicher Erlaubnis des Verlages.

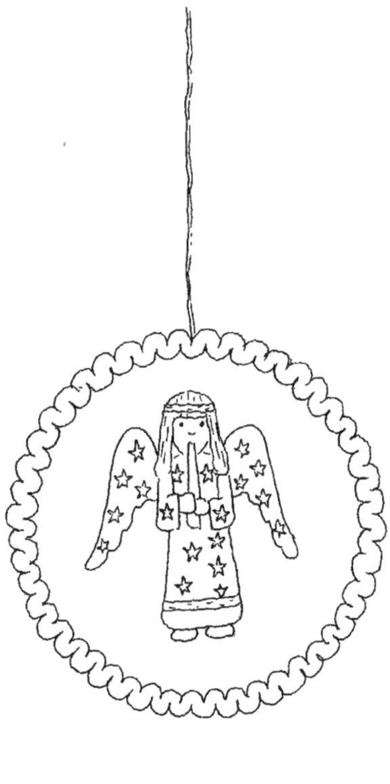

Fensterbild: Weihnachtsengel

Material:
Stramin, Goldborte, goldenes Kreppapier, rosa und weißer Filz, Goldsternchen, Klebestoff.

Für dieses weihnachtliche Fensterbild schneiden wir aus weißem Stramin einen Kreis und bekleben ihn mit Goldborte. Für das Gesicht des Engels nehmen wir handfarbenen Filz bzw. Tonpapier. Die Haare schneiden wir aus goldenem Kreppapier aus. Der Körper und die Arme werden aus weißem Filz oder Stoff zugeschnitten. Flügel, Flöte und Füße entstehen aus Sternchen-Goldfolie. Die einzelnen Teile werden auf den Stramin geklebt, und am Schluß wird das Gewand mit Goldsternchen geschmückt.

(Inge *Sakowski,* Evangelischer Kindergarten, Pfarrkirchen)

Und was flüstert uns das Engelchen vom Fenster her zu?

Hört ihr mein helles, feines Klingen?
Das soll euch Weihnachtsfreude bringen.
Ich schwebe her zu euch von weit
und wünsch' euch frohe Weihnachtszeit.

10. Dezember

Das große Wichtelfest

„Mami, nähst du mir heute meine Wichtelmütze fertig?“ bettelt Bettina. „Wir haben morgen doch die erste Probe für unser Wichtelspiel!“
Michael prustet los. „Bettina spielt den Wichtel Willi“, grinst er. „Ich lach’ mich kaputt!“
„Das ist eine ganz tolle Rolle“, schimpft Bettina. „Der Wichtel Willi baut nämlich das Puppenhaus fertig. Ich will am liebsten den Willi spielen!“
„Na, ich sing’ nur das Wichtellied mit. Das reicht mir!“ ruft Michael. „Aber einen Wichtelkittel muß ich auch haben, Mami. Nähst du mir den auch noch bald fertig? Frau Freudig im Kindergarten hat gesagt, es kann ruhig ein alter Rupfensack sein, grün und braun, das sieht schön aus!“
„Ihr werdet ganz lustige Wichtelmänner, wartet’s nur ab“, lacht die Mutter. „Oma und Opa und Vater und ich freuen uns schon alle auf euer Wichtelspiel.

Und hier ist der Text für das Wichtelfest:

Die Wichtelkinder und der Nikolaus

Die Wichtelkinder hocken zusammengekauert im Spielkreis. In der Mitte des Kreises sind Tische oder große Kartons aufgebaut, auf denen die Utensilien für die Weihnachtsarbeiten der Wichtel liegen.
Der Nikolaus (Erzieherin oder Mutter oder Vater) kommt langsam in den Kreis hineingestapft. Er schaut sich die schlafenden Wichtel und die unfertigen Geschenke an. Er schüttelt den Kopf und fordert nacheinander die Kinder zur Arbeit auf.

Dieses Spiel wird von den Kindern begeistert aufgenommen; es ist ohne langes Einüben spielbar. Die Verse der Wichtel sind schnell gelernt. Das Spiel wird immer wieder gern wiederholt werden, wobei Wichtelrollen wechseln.

Kostümierung: Nikolaus kann einen weiten roten Mantel und eine selbstgebastelte Bischofsmütze tragen. In Norddeutschland kann er auch eine rote Kapuze tragen.

Spielablauf: Die Wichtel beschäftigen sich zunächst pantomimisch an den Tischen, dann gehen sie gähnend in den Spielkreis zurück, singen ihr Wichtelllied und schlafen ein.

Wichtel singen (nach der Melodie: Der Sandmann ist da . . .)

Wir Wichtel sind jetzt da,
wir Wichtel sind jetzt da.
Wir hämmern, sägen, basteln fein,
zum Fest soll alles fertig sein.
Wir Wichtel sind jetzt da.

Wir Wichtel sind jetzt da,
wir Wichtel sind jetzt da.
Wir backen, schneiden, nähen fein,
zum Fest soll alles fertig sein.
Wir Wichtel sind jetzt da.

Wir Wichtel sind jetzt da,
wir Wichtel sind jetzt da.
So viel zu tun, tagaus, tagein,
wir Wichtel schlafen einfach ein.
Wir Wichtel schlafen ein.

Nikolaus geht langsam in den Kreis hinein:

Was solln die vielen Kinder denken!
Wir wollen ihnen doch was schenken!
Der Kai, die Tini und der Klaus,
die warten auf den Nikolaus.

(Er tippt den ersten Wichtel an.)

Wichtel Knirps, nun aufgewacht,
was hast du dir denn nur gedacht?

Du mußt die vielen Kuchen rühren,
die süßen Plätzchen bunt verzieren.
Am großen Pfefferkuchenmann
sind auch noch keine Mandeln dran!
Mit Smarties kleb' ihn dann ganz bunt!
Doch wandert nichts in deinen Mund!

Wichtel Knirps: O weh, o weh, ich spring' schon auf!

Nikolaus: Als erstes nach dem Ofen lauf!
Wenn deine Plätzchen ganz verbrennen,
dann lernst du meine Rute kennen!

Nikolaus: (Weckt den Wichtel Till.)

O Wichtel Till,
was muß ich sehn?
Die Autos auf den Tischen stehn!
Du hast noch keines angemalt,
daß es so richtig glänzt und strahlt!

Till: O Nikolaus, ich steh schon auf!

Nikolaus: Nimm auch den Pinsel mit und lauf!

Nikolaus: (Weckt den schlafenden Wichtel Emil, der laut schnarcht.)

Den Wichtel Emil kenn' ich schon,
der schnarcht so laut mit tiefem Ton!
Los, Emil, spring ganz rasch empor,
dem braunen Teddy fehlt ein Ohr!
Zwei Knöpfe vorne an dem Bauch,
das linke Auge, glaub' ich, auch.

Emil: Ich renn' ja schon, ich laufe schnell!
Gleich bin ich, Nikolaus, zur Stell!

Nikolaus: (Weckt den Wichtel Petra.)

Was seh' ich da, du schnarchst ja noch,
im Niklaussack, da ist ein Loch!
Ich sehe schon, was soll das nur,
die lange, lange Nüssespur!

Und Spielzeug fällt auch in den Schnee!
Beeil dich, Petra, in die Höh!
(Er zerrt sie hoch.)

Wichtel Petra: Mit Nadel, Faden komm' ich her,
den Sack zu stopfen ist nicht schwer!

Nikolaus: (Zieht den Wichtel Willi hoch.)

Was seh' ich, Willi, ei der Daus!
Es wartet schon das Puppenhaus!
Das Dach muß neu gestrichen sein,
Gardinen mußt du nähen fein.
Die Puppenküche reparieren,
die Puppenstühle neu lackieren!

Wichtel Willi: Das Puppenhaus, das soll nicht warten,
wie 'ne Rakete werd' ich starten!

Nikolaus: (Geht zu dem Wichtel Pipapo.)

Was seh ich da – oho-oho,
da schläft der Wichtel Pipapo!
Geschwind ran an die Eisenbahn,
daß Tim und Klaus mit fahren kann!
Die Gleise liegen ganz verkehrt,
der Zug entgleist, wie unerhört!
Die Weichen stell doch richtig ein!

Wichtel Pipapo: Das laß nur meine Sache sein!
Ich werd' schon alles richtig machen,
soll kein Zug aufeinanderkrachen!

Nikolaus: (Weckt den Wichtel Susi.)

Die Susi hat die Augen zu,
wach auf, du kleiner Faulpelz, du.
Die Apfelmännchen mit Nußgesicht,
vergiß sie, fauler Wichtel, nicht!

Wichtel Susi: Die Wattebärte kleb' ich gern,
vorn auf den Bauch, da kommt ein Stern.
Ein Hütchen dann zu guter Letzt
wird obendrauf noch aufgesetzt.

Nikolaus: (Weckt Wichtel Gabi.)

Die Gabi muß ich tüchtig rütteln,
sie an dem Wichtelkittel schütteln.
Du mußt noch viele Sterne schneiden!

Wichtel Gabi: (Springt auf.)

O – diese Arbeit mag' ich leiden!
Ich schneide Sterne, gold und blau,
auch rote, grüne, komm und schau!
Ich bin ein fleißiges Wichtelkind,
ich falte, klebe ganz geschwind.

Nikolaus: (Weckt Wichtel Tanja.)

Nun kommt die kleine Tanja dran,
wie man so lang nur schlafen kann!
Das Holz, die Säge, hol gleich her,
das Sägen ist doch gar nicht schwer!
Die Hirten, Josef und der Stern,
die stolzen Könige von fern,
Maria und das Krippenkind.

Wichtel Tanja: Ich komm, ich eile ja geschwind!
Bald ziehn die Schafe hin zum Stalle,
die Tür steht offen für uns alle.

Lied der Wichtel (gleiche Melodie):

Wir Wichtel sind da,
wir Wichtel sind da,
wir hämmern, sägen, nähen fein,
zum Fest soll alles fertig sein.
Wir Wichtel sind da.

Wir Wichtel sind da,
wir Wichtel sind da.
Noch . . . mal schlafen, dann geht's los,
die Freude ist wohl riesengroß!
Das Weihnachtsfest ist da!

Von Zwergen und Düften

Weihnachtszwerg fürs Fenster

Material:
Rotes und hautfarbenes Tonpapier, weißer Zeichenkarton.

Den kleinen Zwerg kam man von beiden Seiten ausgestalten, so ist er vom Zimmer aus und von draußen zu bewundern. Das Körpermuster auf rotes, das Gesicht auf hautfarbenes Tonpapier, Bart, Knöpfe und Klunker auf weißen Karton übertragen und ausschneiden. Dann den Bart bis zur Markierung aufkleben, darauf das Gesicht. Mit Filzstiften Augen, Nase und Mund aufmalen. Nun werden noch Knöpfe und Klunker aufgeklebt und an den Mützenrand wird ein Faden zum Aufhängen befestigt.

(G. Erhardt)

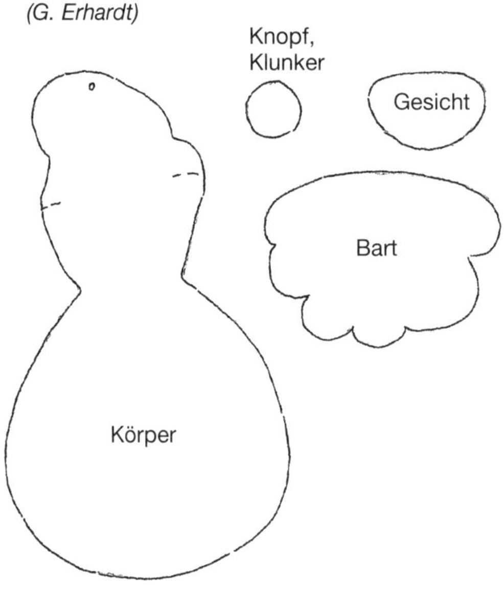

Gewürzsäckchen oder Duftsäckchen

Material:
Bunt bedruckte Baumwoll- oder Halbleinenreste

Gewürze wie
Lavendel
Zimt, Anis, Nelken } gemahlen
aus der Drogerie oder Apotheke

Goldband,
evtl. Perlen und evtl. Buchszweig.

Arbeit:
Eifrige Mütter nähen bestimmt gerne aus den Stoffresten kleine Säckchen.
Größe ca. 10 × 7 cm.
Stoffgröße mit Nahtzugabe 22 × 16 cm.

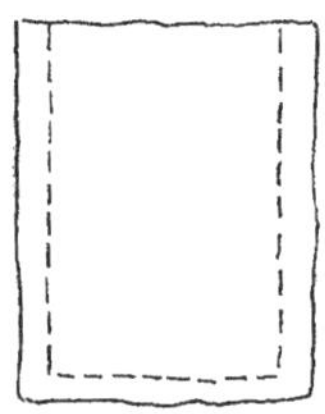

Auf 3 Seiten zunähen, oben Öffnung lassen.

Die Kinder dürfen bis ca. 1/3 des Säckchens die Gewürze einfüllen. Der Duft dringt durch das Gewebe. Das Säckchen wird ganz fest mit einen Goldband zugebunden und ein Aufhänger befestigt.
Verziert werden kann das Säckchen mit einem Sträußchen aus Buchs und Perlen.
Wird das Säckchen an einem großen Föhrenzweig aufgehängt, riecht das ganze Zimmer weihnachtlich. Man kann aber auch – wie es schon früher unsere Großmütter taten – mit Lavendel gefüllte Säckchen (ohne Sträußchen) zwischen die Wäsche legen, die dann gut duftet.

(M. Schacherbauer)

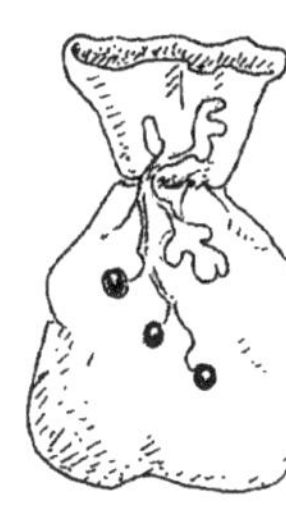

11. Dezember

So viele Briefe müssen wir schreiben?

„Heute ist großer Posttag bei uns!“ sagt die Mutter. „Tante Olga in Berlin und Oma und Opa in München und Onkel Rudi und Gisela und Norbert und Lotti und Barbara – alle sollen doch Weihnachtsgrüße bekommen. Und dann müssen wir noch die großen Pakete für die Familien in Rumänien und die Übersiedler im Ferienheim fertig packen.“

„Aber ich schreib' nur *einen* Brief“, mault Jan. „Dieses blöde Briefeschreiben vor Weihnachten geht mir wirklich auf den Wecker!“

„Ich hab' eine ganz gute Idee“, sagt die Mutter. „Du schreibst das lustige Weihnachtsgedicht mit deiner schönsten Schrift ab. Dann kopiere ich es ganz oft, und wir legen die Zeichnungen von Bettina und Michael dazu. So haben wir für viele Freunde und Verwandte ganz liebe persönliche Weihnachtsbriefe. Das ist auch viel schöner als gekaufte Karten.“

Da kommt Vater ins Zimmer. „Mutter hat oft die besten Ideen“, lacht er. „Ich krieg' immer Kopfschmerzen, wenn ich nur ans Briefeschreiben denke. Ich tippe mein Weihnachtsgedicht vom letzten Jahr ganz sauber ab, und Mutter kann es zu euren Weihnachtsbriefen legen.“

„Hurra – und wir haben nachher noch Zeit für eine Kerzenstunde am Adventskranz!“ ruft Bettina.

Das ist Vaters Weihnachtsgedicht

Loblied zur heiligen Nacht

Dunkel der Stall
und dunkel die Nacht.
Fern halten Hirten
furchtsam die Wacht.

Dunkel das Feld,
doch Licht bricht herein.
Jubel der Engel:
Gelobt soll Gott sein.

Glanz aus den Höhen,
der Tiefen erhellt.
Stimmt ein in das Loblied
für den Herrn der Welt.

Und hier folgt Jans Weihnachtsgedicht:

Gesang des kleinen frechen
Wichtelkinds im Winterwald

Laßt mich froh und munter sein,
ich will mich auch auf den Niklaus freun.
In der schönen Weihnachtszeit
ist der Niklaus so zerstreut.

Ich helf' dem alten Nikolaus,
wenn er geht von Haus zu Haus.
Trägt er – stapf – stapf – huckepack,
dann vertausch' ich ihm so manchen Sack.

Geht er durch den Winterwald,
macht er auch bei den Tieren halt.
Seht – der Hase kriegt 'ne Nuß,
Eichhörnchen den Salat als Gruß.

Krähe kriegt den grünen Kohl,
Niklaus, sag, was soll das wohl?
Pfefferkuchen kriegt das Reh,
für die Maus liegt Salat im Schnee.

Seht – die Eule hoch im Turm
wundert sich übern Regenwurm,
oh – der Niklaus wird wohl alt,
denken die Tiere tief im Winterwald.

Auch den Kindern groß und klein,
legt der Niklaus was Falsches rein.
Ich vertausche doch im Nu
Kai und Tinis und Sabines Schuh.

Und mich frechen kleinen Wicht,
den erwischt ihr ganz bestimmt
doch nicht.
Hoch im Baum beim Niklaushaus
lach' ich Tier und Menschen aus.

Nach der Melodie: Laßt uns
froh und munter sein . . .

Weihnachtskarten einmal anders

Material:
Elefantenhaut (Pergamentpapier) DIN A 4,
Japanpapier DIN A 5, Klebestift.

Arbeit:
Elefantenhaut falten zu 2 × DIN A 5-Größe.

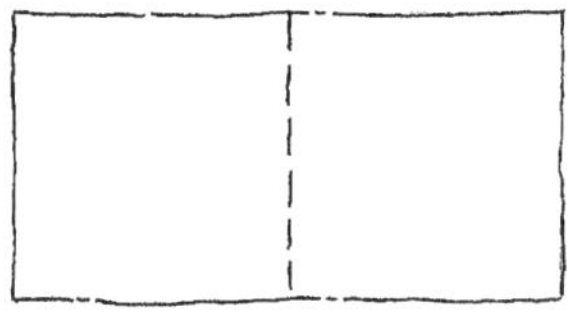

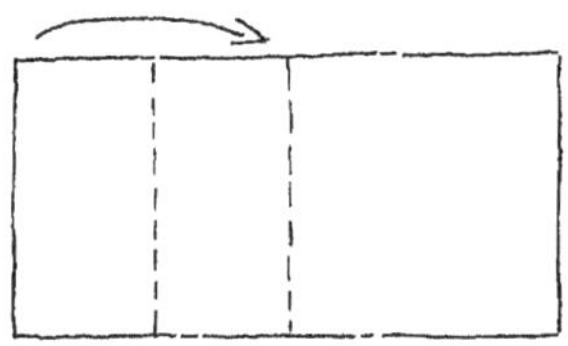

Eine Seite nochmals zur Mitte falten.

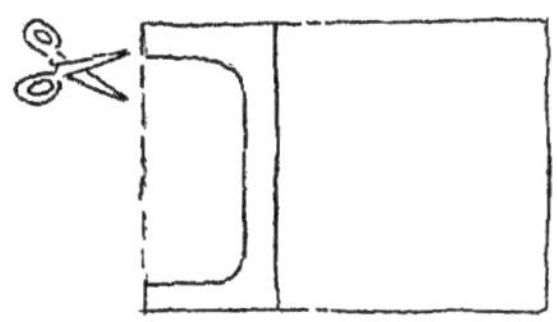

Aus dem linken Faltteil ein Fenster ausschneiden.

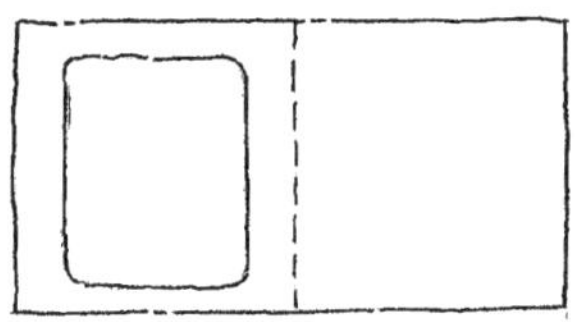

Das entstandene Fenster innen mit Japanpapier bekleben.

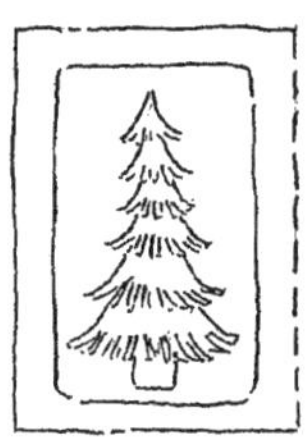

Aus dem herausgefallenen Papier einen Baum, eine Kerze oder ein weihnachtliches Motiv ausschneiden und auf die Vorderseite der Karte (Japanpapier) aufkleben.

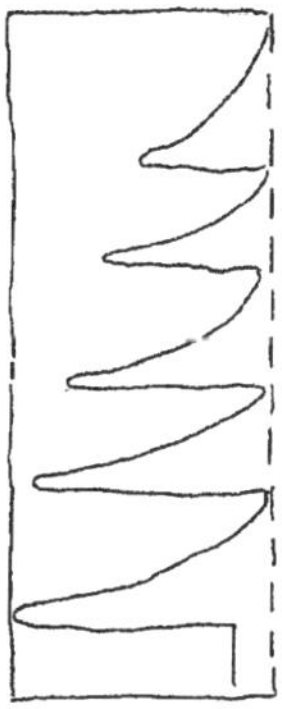

Faltschnitt – Baum

breite, geschwungene Dreiecke

einschneiden

über die Schere das Papier plastisch machen.

Kleben: Stamm, darauf großer Zweig, darauf etwas kleinerer usw. bis zur Spitze.

Weitere Motive:

Kerze

Stadt
mit Falthäusern

Winterwald

Faltschnitt

Durch Übereinanderschichten entstehen besonders schöne Hell-Dunkel-Kontraste.

(M. Schacherbauer)

Beispiele von Kinderbildern, die man auf Postkartengröße bringen und als Weihnachtskarten verschicken kann:

12. Dezember

Weihnachtsbescherung im Vogelhaus

Bettina steht vor ihrem Adventskalender. Sie befühlt ihr rotes Säckchen. „Klein und hart und ganz unten etwas Weiches“, sagt sie. „Michael, was kann das sein?“ fragt sie. „Murmeln, dicke bunte Murmeln und unten vielleicht Gummibärchen“, meint er. „Daß du immer erst rumfühlen mußt! Ich mach’ mein Säckchen gleich auf!“ Apfel- und Kürbiskerne kullern ihm entgegen. Ganz unten findet er noch drei weiche Marzipankartoffeln. „Was soll denn das?“ fragt er.

Auch Bettina ist ganz erstaunt über die Hanfsamen und die Weizenkörner in ihrem Säckchen. Jan wundert sich über die Sonnenblumenkerne. Da kommt Mutter ins Zimmer. „Ihr sollt keine Körnerfresser werden“, lacht sie. „Aber guckt mal nach draußen! Da gibt’s eine Überraschung!“ Auf der Terrasse steht ein Vogelhäuschen. Ein schützendes Dach breitet sich über die Futterstelle aus. Ein paar dicke Amseln picken eifrig. In den Zweigen des Feuerdorns sitzen Meisen und Finken. „Wenn bloß die dicken Amseln mal fortfliegen würden“, sagt Bettina. „Guck mal, die kleinen Meisen haben richtig Angst!“ „Ihr könnt nachher noch Meisenknödel an die kahlen Zweige hängen“, sagt Mutter. „Da können die dicken Amseln sich nicht dran festhalten.“

„Schau mal, das ist ein hübscher Vogel!“ ruft Michael. „So ein niedliches schwarzes Köpfchen, und auf dem Bauch ist er ganz rot.“

„Das ist ein Dompfaff“, sagt Jan. „Und daneben sitzt das Weibchen, das hat einen grauen Bauch.“ „Da hockt ja noch ein ganz kleiner Vogel, der hat gar keinen Schwanz", ruft Bettina. „Wenn den bloß nicht die Katze gezaust hat!"

„Das ist ein Kleiber", sagt Mutter, „der ist so scheu. Er kommt nur ganz selten im Winter ans Futterhäuschen. Auch die Rotkehlchen und der Hänfling wagen sich erst jetzt an die Häuser heran."

„Mami, ich streu' nachher gleich die Körner aus dem Adventssäckchen ins Vogelhaus", sagt Bettina. „Die Vögel sollen doch auch merken, daß bald Weihnachten ist!"

Ein lustiges Vogelbild zum Aufhängen

Auf eine kleine Tortenplatte aus Pappe kleben wir aus Tonpapier einen braunen Ast mit Blättern und einigen trockenen Zweigen von Erlen und Buchen, die wir im Herbst gesammelt haben.

Auf dem „Nest" sitzen zwei lustige Vögel, die wir auch aus Tonpapier ausschneiden.

Die dreieckigen Schnäbel kleben wir so an, daß sie etwas hochgereckt sind.

Zum Schluß befestigen wir mit einem Heftklammergerät („Tacker") eine gedrehte Wollschnur und hängen unser Vogelbild auf.

(Kindergarten Mönkeberg)

Rätsel

Kennt ihr das kleine Häuschen
im tiefen, tiefen Schnee?
Das steht ganz stolz auf einem Bein
und streckt sich in die Höh.

Es hat nicht Tür noch Fenster,
der Wind, der tost herein.
Doch hat es einen großen Tisch,
der ist gedeckt gar fein.

Nun seht, wer dort zu diesem Haus
von weither gerne zieht
und schleckt und speist und dann zum Schluß
ihm dankt mit einem Lied.

(Vogelhaus)

Gasthaus zum Eisbären

Text: Barbara Cratzius
Musik: Ludger Edelkötter

2. Der Wirt verlangt kein Eintrittsgeld,
läßt offen Tür und Tor.
Der Tisch ist immer reich gedeckt,
da liegt kein Riegel vor.

3. Zwar gibt es manchmal etwas Streit,
dann schimpft der Wirt im Haus.
Gebt Ruh, sonst streue morgen ich
kein Futter mehr hinaus.

4. Es flattert, piepst und fliegt herbei
die Schar in Eis und Schnee.
Hab Dank, du lieber guter Wirt,
der Hunger tut so weh.

5. Da ruft der Wirt: „Vergeßt es nicht,
singt bald ein Lied für mich,.
wenn warm die Frühlingssonne
scheint!

Der Wirt, ja das bin ich!

Spielhinweise:
Dieses Spiellied ist gut einzusetzen, wenn der erste Schnee liegt und vor dem Fenster das Futterhäuschen von den Vögeln aufgesucht wird. Die Kinder können dann viele Eindrücke von den gefiederten Gästen sammeln. Wir können das Spiellied auch im Kreis darstellen. Dann wird in der Kreismitte aus Pappkartons ein Vogelhaus gebaut. Als „Futter“ können kleine Stücke vom Pfefferkuchen hineingelegt werden. Einige Kinder flattern als hungrig piepsende Vögel herum, während die anderen den Kehrvers singen. Die Erzieherin singt dann die anderen Strophen.

Vögel im Winter

Auch als Reimspiel

Kra, kra, kra, kra, kra, kra,
seht, die Welt ist weiß!
Zugedeckt sind Gras und Halm,
lauter Schnee und Eis! (. . . Eis)

Piep, piep, piep, piep, piep, piep,
Sturm fährt durch den Wald.
Tannen haben Mützen auf,
weh – uns ist so kalt! (. . . kalt)

Tschilp, tschilp, tschilp, tschilp, tschilp,
tschilp,
schaut hier auf dem Ast
hocken wir und frieren so,
sind verhungert fast. (. . . fast)

Zizibe, zizibe,
gebt uns doch ein Korn!
Seht – wir plustern uns so auf,
bald sind wir erfrorn! (. . . erfrorn)

Hört uns schrein, hört uns schrein!
Sturmwind bläst ums Haus.
Ach, vergeßt uns Vögel nicht,
streut uns Futter raus! (. . . raus)

13. Dezember

Die neue Flöte

Mutter ist den ganzen Nachmittag in der Stadt gewesen. Sie hat für Weihnachten noch so viel zu besorgen. Jan steht am Fenster und wartet. Ob Mutter ihm etwas mitgebracht hat?

Er läuft ihr entgegen: „Mami, hast du was für mich?" „Ja! Es ist lang und schmal", sagt die Mutter. „Etwa eine Wasserpistole?" Die Mutter schüttelt den Kopf. „Es kann Töne machen." „Ich weiß, ein Polizeiauto zum Aufziehen!" „Nein", sagt Mutter und holt die Packung heraus. Jan reißt sie ungestüm auf – eine Holzflöte liegt vor ihm. Er ist so enttäuscht. „Ich bin doch kein Mädchen, ich lerne doch nicht Flöte spielen." „Nun mal langsam, das können ebensogut Jungen wie Mädchen lernen." Jan nimmt die Flöte in die Hand. Er pustet mit aller Kraft hinein, ganz schrill klingt es. „Vorsichtig, zart hauchen", sagt die Mutter. Jan pustet ganz sanft hinein, wirklich, da erklingt ein schöner Ton – zwei Töne – drei Töne! „Schau mal her", sagt Mutter und holt ihre eigene Flöte heraus. „Guck genau auf meine Finger und mach's nach. Du kannst ja schon fast den Kuckucksruf spielen!"

Jan staunt. Tatsächlich – das klingt schon richtig sauber und schön.

Bettina blickt den großen Bruder bewundernd an. „Laß mich auch mal!" bettelt sie. Jan hält sich die Ohren zu. „So ein Gepiepse", stöhnt er, „nein, laß mich lieber! Du Mami, ich glaub', unsere Lehrerin freut sich mächtig, wenn ich mit der Flöte ankomme. Sie hat schon so oft gefragt, ob nicht noch mehr Kinder Flöte lernen wollen. Ich hab' ja immer gesagt, ich hab' keine Lust dazu, weil ich doch Pilot werden will. Der braucht doch nicht Flöte spielen können. Aber eigentlich macht es richtig Spaß. Vielleicht kann ich bei der Weihnachtsfeier in der Schule schon etwas vorflöten!"

„Und vielleicht wird das am Heiligabend eine große

Überraschung für Oma und Opa werden“, lacht Mutter.

„Mami, Michael und ich wollen auch Musik machen“, bettelt Bettina. „Wartet nur, für euch finden wir auch etwas“, sagt Mutter geheimnisvoll und zwinkert mit den Augen.

Was ist das?

Bin ein lust'ger Turm aus Holz,
Fenster hab' ich sieben,
mein Besitzer voller Stolz
lernt mich langsam lieben.

Nein, er mochte sich nicht plagen,
ließ mich maulend liegen.
Doch so hört – seit ein paar Tagen
scheint er Lust zu kriegen!

Hat die Fenster nun entdeckt,
auch das achte runde.
Nun lieg' ich nicht mehr versteckt,
er übt jede Stunde.

Und dann braust ein lust'ger Sturm,
hoch und tief und munter.
Bin ich nicht ein schöner Turm?
Schau an mir herunter!

Deck die Fenster, klein und rund,
laß die Finger springen!
Und dein Mund, dein kleiner Mund
läßt mich singen – klingen.

Und zur lieben Weihnachtszeit
brennen hell die Kerzen.
Dann spielst du die schönsten Lieder
und machst froh die Herzen.

(Flöte)

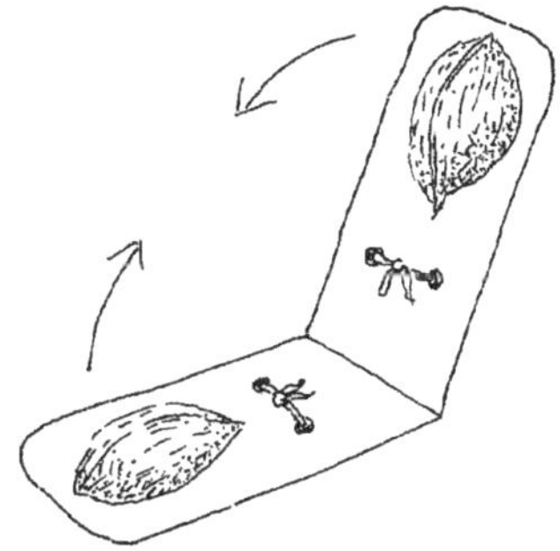

Nußklappern aus Schalen

Du brauchst:
Walnuß- oder Pistazienschalen, Fotokarton, Klebstoff, Schere, Stift.

Für die Nußklappern schneidest du, je nach Größe der Schalen, einen länglichen Kartonstreifen zu. An den Enden kannst du den Streifen abrunden. Ca. 1 cm von jedem Ende entfernt klebst du je eine Schalenhälfte auf den Streifen. Nach 5 Minuten sind die Schalen richtig fest mit dem Untergrund verbunden. Nun knicke den Streifen so in der Mitte, daß die Nußschalen aufeinander treffen. Jetzt kannst du auf deiner Nußklapper spielen: Entweder, indem du die Klapper zwischen Daumen, Zeige- und Mittelfinger einer Hand nimmst und zusammenschlägst, oder aber du schneidest die Klapper in der Mitte auseinander und faßt jede Hälfte mit einer Hand an und schlägst dann die Schalen gegeneinander.

(U. Weber)

14. Dezember

Spuren im Schnee

Am Morgen ruft der Opa an. Bettina ist am Telefon. „Frag Mutter, ob ihr zu uns kommen dürft. Im Garten gibt es eine Überraschung." „O toll!" ruft Bettina. „Mami, hilfst du uns anziehen? Mit der Strumpfhose und den Stiefeln dauert es immer so lange."

Im Garten vor dem Haus wartet Opa schon. „Guckt mal", sagt er, „die Rosenstöcke und die Triebe von den Haselsträuchern und hier die Rinde am Apfelbaum, die sind richtig angeknabbert. Wir wollen doch mal sehen, was das für Räuber gewesen sind."

„Kommen denn die Rehe aus dem Wald bis dicht ans Haus?" fragt Michael erstaunt.

„Nein, Rehe sind das nicht gewesen", meint der Großvater. „Schaut, hier die Spuren im Schnee, wie ein kleines Hufeisen sieht das aus! Ich wette, daß die Spur bis zu den Kohlstrünken im Garten führt." „Hier", ruft Bettina, „hier ist noch eine und da noch eine!"

Ganz aufgeregt laufen sie hinter den Abdrücken im Schnee her. Vor den Kohlstrünken ist der Schnee überall eingedrückt. „Hasen sind das gewesen, drei oder vier Hasen", meint der Großvater. „Was die für Hunger gehabt haben!" sagt Bettina. „Die Kohlstrünke sind ganz leergefressen.

Wenn wir die Häschen im Wald treffen, sagen wir ihnen, daß sie nur die Kohlstrünke und nicht Opas Rosenstöcke anknabbern dürfen", meint sie.

Michael sucht weiter auf dem Boden nach Spuren im Schnee. „Opa, guck mal, hier sind ganz kleine feine Dreiecke!" ruft er. „Auf einmal hören sie auf, mitten im Schnee. Als ob das Tierchen plötzlich verschwunden ist."

„Das ist eine Amsel gewesen“, meint der Großvater. „Hier – an dieser Stelle ist sie hochgeflogen.“
Michael stapft vorsichtig vorwärts. Die dicken Gummistiefel hinterlassen einen geriffelten Abdruck in dem lockeren Schnee. „Bettina“, ruft er, „mach mal die Augen zu. Ich versteck’ mich. Du brauchst nur der Spur nachzugehen, dann findest du mich!“
Er stapft ein Stück weiter in den Garten hinein. Dann geht er vorsichtig rückwärts, genau in der gleichen Spur und versteckt sich hinter der Garagenmauer. „Suchen!“ ruft er. Bettina läuft neben den Fußtritten her. Ganz deutlich kann sie sehen, wo Michael langgegangen ist. Auf einmal hört die Spur auf. „Opa“, fragt sie, „Michael kann doch nicht fortgeflogen sein?“ – Suchend blickt sie sich um. Nirgends findet sie Fußspuren. Sie guckt hinter den verschneiten Tannen, hinter der Regentonne mit den Eiszapfen – kein Michael ist zu sehen. Da kommt lachend der Bruder hinter der Mauer hervor und erklärt ihr den Trick. „Toll“, ruft Bettina, „das versuch’ ich auch mal!“

Rätsel

Hier ein Zeh und dort ein Zeh
in dem tiefen, tiefen Schnee.
Hier ein Tupfer, dort ein Kreis,
alles ist so weiß, so weiß.

Hier kann ich fünf Finger zählen,
dort nur vier und da nur drei.
Und hier zog ein buschiger Schwanz
durch den Schnee – vorbei, vorbei.

Weißt du, was ich damit meine,
was ich hinter, vor mir seh’?
Tritte, zarte, große, kleine
Muster in dem weichen Schnee?

(Tierspuren)

Die Tiere an der Krippe

Dieses Sprechspiel ist für eine größere Kindergruppe geeignet, wobei jeder ein oder zwei Strophen sprechen kann.

Zur Weihnacht dort im kalten Stall,
da ist kein Tier mehr still,
das raschelt, wispert, brummt und piept,
und jeder lieb sein will.

Zur Weihnacht überm kalten Stall,
da wird die Eule wach,
hebt lautlos ihre Schwingen hoch
und setzt sich auf das Dach.

Zur Weihnacht dort im kalten Stall,
was raschelt leis im Heu?
Ein kleines Mäuschen und ein Floh,
die sind heut auch dabei.

Zur Weihnacht dort im kalten Stall,
da ist der Löwe zahm,
der weither durch den Wüstensand
auf weichen Tatzen kam.

Zur Weihnacht dort im kalten Stall,
da tapst der Igel her.
Er legt die Stacheln brav zurück,
nun stechen sie nicht mehr.

Zur Weihnacht dort im kalten Stall,
die Mücke lieb will sein,
tanzt lustig um die Krippe rum
und zieht den Stachel ein.

Zur Weihnacht dort im kalten Stall,
die Henne kommt herbei.
Die scharrt und gackert und schaut stolz:
„Ich leg' dem Kind ein Ei!"

Zur Weihnacht dort im kalten Stall,
fehlt nicht der stolze Hahn!
Der reckt den roten Kamm empor,
hört, wie er krähen kann!

Zur Weihnacht dort im kalten Stall,
da trabt der Esel her.
Der hat den ganzen weiten Weg
das Kind getragen schwer.

Zur Weihnacht, nein da fehlt auch nicht
der Fuchs, der Gänsedieb.
Der macht sein böses Maul nicht auf
und ist ganz zahm und lieb.

Zur Weihnacht schleicht auf Tatzen weich
die Miezekatze an.
Sie wärmt das Kind mit ihrem Fell,
hört, wie sie schnurren kann.

Und fröhlich bellend springt dort her
der Bello in der Nacht.
Er legt sich an die Krippe dicht
und hält so treu die Wacht.

Sogar die gift'ge Schlange – schau,
die schlängelt sanft herbei.
Sie steckt die böse Zunge weg,
verkriecht sich schnell im Heu.

Der Ochs stellt sich zu Füßen hin,
sein Maul geht auf und zu.
Er sabbert mal, dann ist er still,
stört nicht des Kindleins Ruh.

Da – eine liebe Biene fliegt,
bringt süßen Honig her.
Die brummt und summt und flüstert leis:
„Heut stech' ich keinen mehr!"

Und hoppel hoppel, wer kommt da
heraus aus seinem Bau?
Das Häschen hoppelt flink heran,
macht Männchen, Kindlein, schau!

Und da sogar das kleine Reh,
das ist heut nicht mehr scheu.
Es springt heran mit leichtem Huf
und legt sich in das Heu.

Und sieh – ein weißes Täubchen schwebt
in sanftem Flug heran.
Ich bring' dem Kind die Feder her,
daß es mit spielen kann.

Wer tapst und stampft da vor der Tür,
das ist der große Bär!
Der brummt dem Kind ein Liedchen vor,
ist gar nicht böse mehr.

Da springt was Braunes schnell daher
den Schwanz emporgereckt.
Das Eichhörnchen hat eine Nuß
dem Kind ins Stroh gesteckt.

So ist der Stall gerappelt voll
mit Tieren in der Nacht.
Das brummt, miaut, das raschelt, piept:
das Kindlein hat gelacht!

15. Dezember

Hund und Katze am Adventskranz

„Michael, komm, heute backen wir Figuren für den Adventskranz!" ruft Bettina.

„Mami, hast du schon die Ausstechförmchen rausgesucht? Ich möchte wieder Monde, Sterne und Herzchen ausstechen."

„Ihr könnt schon die Mandeln auspulen", sagt Mutter, „und den Teigroller aus dem Keller holen!"

Bald duftet es in der Küche verlockend nach Honigkuchen.

„Du mit deinen Ausstechern", lacht Michael die Schwester aus. „Ich male mir richtig große Tiere auf Pappe, einen Elefanten, einen Fisch und einen Hund. Das muß toll aussehen, wenn die am Adventskranz baumeln."

Er legt die Figuren auf den ausgerollten Teig und schneidet sie vorsichtig mit einem Messer aus.

„Stell bloß die Temperatur richtig ein, Mami!" ruft er. „Im letzten Jahr ist ein ganzes Blech mit Herzen zu dunkel geworden."

Nun will die Schwester auch ein Tier backen. Sie hat Mischka, ihre grauweiße Katze, aufgemalt. „Mami, kann man Mischka erkennen?" „Sie ist wunderschön geworden", lacht Mutter. „Sogar die Barthaare und den langen Schwanz hast du nicht vergessen."

Als die Mutter die Bleche herauszieht, ist Michael ganz begeistert. „Der Elefant ist große Klasse!" ruft er. „Den verziere ich jetzt noch mit kleinen, bunten Bonbons, er kriegt eine richtige Troddelsatteldecke, und für die Stoßzähne nehme ich weiße Pfefferminzplätzchen.

Und der Fisch kriegt bunte Schuppen aus Smarties und Augen aus silbernen Zuckerperlen. Den Hund male ich mit weißem und braunem Zuckerguß an, so ein richtiger großer Hirtenhund wird das."

„Aber meine Katze", sagt Bettina leise, „die ist ganz zerlaufen. Ich kann sie gar nicht mehr erkennen. Die Barthaare, die Ohren und der Schwanz sind abgebrochen."

„Weißt du", tröstet sie die Mutter, „wir machen die Barthaare aus Zuckerguß, und den Schwanz kleben wir mit Lakritzen hinten drauf. Sie kriegt auch noch vier weiße Pfötchen und Augen aus Mandeln mit einer dunklen Rosine in der Mitte. Dann hängen wir sie mit einem langen, roten Band neben Michaels Hirtenhund. Die beiden werden sich schon vertragen, wenn am Adventskranz die Kerzen brennen. An der Krippe sind ja sogar die wilden Tiere friedlich miteinander gewesen!"

Vorsicht Weihnachtsnaschkatzen!

Text: Barbara Cratzius
Musik: Ludger Edelkötter

Kehrvers:
(kann auch gesprochen werden!)

2. „Wer mag die Butter rühren?
Vom Nougat nicht probieren?
Wer wird das Blech ausfetten,
vom Teig die Ränder glätten?
Ich würd' so gerne schlecken,
der Teig, er wird schon schmecken!

Kehrvers: ...

3. Rosinen jetzt drangeben,
den Eischnee unterheben.
den Zuckerguß verrühren
die Herzen bunt verzieren!
Ich würd' so gerne schlecken,
der Teig, er wird schon schmecken!

Kehrvers: ...

4. Die Bleche nun reinschieben,
jetzt lauern alle Lieben.
Ihr könnt die Hände waschen,
vielleicht dürft ihr doch naschen!"
Ich glaub' in jedem Falle
die Bleche sind bald alle!!

Kehrvers: ...
Und die Mutter ruft.
Naschen ist nicht verboten,
es gibt nichts auf die Pfoten!

Spielhinweise:
Das fröhliche Backfest können wir in der Kindergruppe auf folgende Weise nachgestalten: In der Mitte des Spielkreises können mehrere Tische aufgestellt werden, auf denen Küchengerätschaften wie Bleche, Schüsseln, Teigschieber, Löffel, Waage, Sieb, Schneebesen bereitliegen. Es dürfen auch Mandeln, Rosinen, Zuckerfiguren zum Verzieren nicht fehlen.
Jedes Kind bekommt einen bestimmten „Arbeitsauftrag", damit kein „Chaos" entsteht. Einer darf die Nüsse knacken, einer wiegt ab, einer siebt das Mehl, einer rührt die Butter, einer fettet die Bleche ein usw.
Den Kehrvers singen alle mit, die übrigen Strophen können von älteren Kindern oder von den Erziehern gesungen werden.
Die Aktivitäten können bei einer großen Kinderschar aber auch pantomimisch gespielt werden.

Schleckereien für den Weihnachtstisch

Duftende Mehrkornplätzchen

Was wir benötigen:
100 g feingemahlener Weizen
100 g feingemahlener Hafer
50 g Buchweizenmehl
100 g Ursüße
3 Eier
Naturvanille, Zimt, Zitronenschalengranulat, Organgenschalengranulat, je nach Geschmack jeweils etwa 1/4 Teelöffel
1 Teelöffel Carobenpulver
1 Eßlöffel Zitronensaft
1 Eßlöffel Organgensaft
1 gehäufter Teelöffel Backpulver

Wir schlagen die Eier mit den Gewürzen und dem Carobenpulver und der Ursüße schaumig. Dann mischen wir das Mehl mit dem Backpulver und ziehen es unter die Eiercreme.
Wir stechen mit zwei Teelöffeln etwas Teig ab und setzen ihn auf die Vollkornoblaten.
Bei 180° C backen wir die Plätzchen etwa 15 Minuten lang.

Die Sieben-Kerne-Kekse der sieben Zwerge

Was wir benötigen:
60 g Butter
60 g Ursüße
60 g Honig
50 g Orangeat
50 g Zitronat
300 g gemischte Kerne (Pinienkerne, Walnüsse, Sonnenblumenkerne, Haselnüsse, Cashewnüsse, Pistazienkerne, Sesamkerne)
3 Eßlöffel Vollkornmehl
etwa 50 Vollkornoblaten

Wir erhitzen die Butter kurz mit dem Zucker und dem Honig und rühren das kleingeschnittene Orangeat, das Zitronat, die gehackten Kerne und das Mehl darunter.
Dann legen wir Backtrennpapier auf die Bleche, verteilen die Oblaten darauf und drücken mit einem Teelöffel die Masse auf den Oblaten leicht fest. Wir backen die Nußoblaten etwa 18 Minuten bei 200° C.

Und was rufen die Zwerge uns zu?

Kommt her zu uns sieben,
sieben Zwergen
dort hinter den sieben, sieben Bergen.
Kennt ihr wohl unsern
Zwergenschmaus
tief drinnen im Wald im Zwergenhaus?
Da knispern und knuspern wir Zwerge
so gerne.
Probiert doch auch unsre sieben Kerne!

Gefüllte Früchte für kleine Naschkatzen

Gute Dinge:
etwa 10 getrocknete ungeschwefelte Pflaumen
etwa 15 getrocknete ungeschwefelte Datteln
50 g Korinthen
50 g Haselnüsse
50 g Walnüsse
1/2 Teelöffel Zitronenschalengranulat
1/2 Teelöffel Organgenschalengranulat
1 Prise Nelkenpulver
1 Prise Zimt
1/2 Teelöffel Vanillepulver
1 Eßlöffel Organgensaft
1 Eßlöffel Ahornsirup

Wir entsteinen die Früchte vorsichtig und ritzen eine Vertiefung ein, ohne sie durchzuschneiden. Dann schneiden wir die Korinthen klein und mahlen die Nüsse. Wir mischen sie mit den Gewürzen, dem Sirup und dem Saft und füllen die Masse vorsichtig in die Früchte.
Sie werden bis zum Verzehr in einem verschlossenen Gefäß im Kühlschrank aufbewahrt.

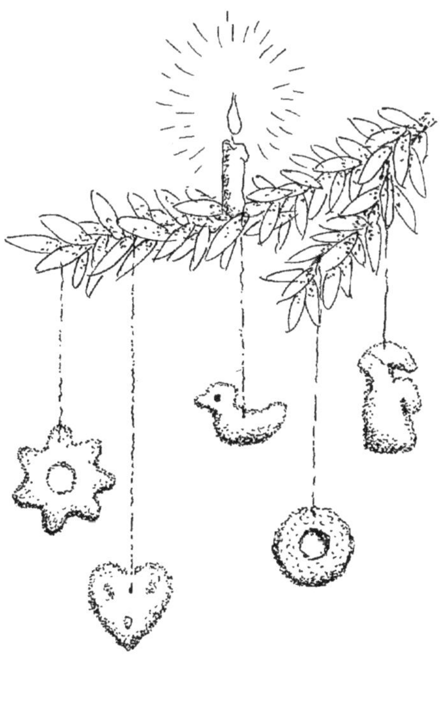

Honigplätzchen für den Tannenbaum

Was wir brauchen:
125 g flüssiger Honig
25ß g feingemahlener Weizen
100 g feingemahlener Hafer
100 g Haselnüsse, feingerieben
je 1 Teelöffel Zitronenschalen- und Orangenschalengranulat
1/2 Teelöffel Naturvanille
etwas Ingwerpulver
1/2 Teelöffel Pfefferkuchengewürz
1/2 Teelöffel Backpulver
etwa 50 ml Milch
2 Eier

Wir schlagen die Eier schaumig und geben den Honig zu.
Das Mehl wird mit den Gewürzen, dem Backpulver und den Haselnüssen gemischt und zur Eiermasse gegeben.
Dann kneten wir den Teig tüchtig durch und geben soviel Mehl dazu, daß wir den Teig ausrollen können.
Wir stechen mit Ausstechformen Weihnachtsfiguren aus: Tannenbäume, Sterne, Halbmonde, Vögel. Mit einer Stricknadel können wir ein Loch in den Teig stechen; dann können wir die Plätzchen auch am Weihnachtsbaum aufhängen. Mit Mandeln, Kürbiskernen, Mohn, Sesam und Pistazien können die Plätzchen verziert werden.
Sie werden bei 180°C etwa 25 Minuten gebacken.

16. Dezember

Wenn vor Weihnachten vieles verschwunden ist

Text: Barbara Cratzius   Musik: Ludger Edelkötter

2. 1–2–3–4–5–6–7,
   wo ist denn mein Pferd geblieben?
   Fehlte ihm der halbe Schwanz,
   auch der Sattel war nicht ganz.
   Pferd, mein Pferdchen, hörst du mich?
   Pferd, mein Pferd, ich suche dich!

3. 1–2–3–4–5–6–7,
Puppenkind, wo ist's geblieben?
Hatte keine Haare mehr,
Puppenkind, ich warte sehr!
Puppe Lisa, hörst du mich?
Lisa, oh, ich suche dich!

4. 1–2–3–4–5–6–7,
wo ist meine Lok geblieben?
Fuhr nicht mehr im Kreis herum,
blieb gleich stehen, das war dumm.
Diesellok, sag, hörst du mich?
Diesellok, ich suche dich!

5. 1–2–3–4–5–6–7,
wo ist meine Maus geblieben?
Kater Mohr warf sie empor
und zerbiß das rechte Ohr.
Mäuslein Pieps, sag, hörst du mich?
Mäuslein, du, ich suche dich!

6. 1–2–3–4–5–6–7,
Dreirad, wo bist du geblieben?
Ach, die Klingel ging nicht mehr,
und das ärgerte mich sehr.
Dreirad, Dreirad, hörst du mich?
Dreirad, du, ich suche dich!

7. 1–2–3–4–5–6–7,
wo ist alles wohl geblieben?
Pferd und Maus und Teddybär
bringt der Niklaus wieder her.
Alles ist dann heilgemacht!
Freut euch auf die Weihnachtsnacht!

Spielhinweise:
Dieses Spiellied können wir auf folgende Weise spielen:
Ein Kind geht im Innenkreis herum. Die anderen knien im Außenkreis hinter ihren Stühlen und schauen durch die Stuhllehne hindurch in den Innenkreis. Ein Kind schlägt 1–2–3–4–5–6–7mal mit der Hand auf einen Stuhl. Alle Kinder singen dazu die erste Zeile.
Die Erzieherin (oder die größeren Kinder) singen dann die entsprechenden Strophen weiter. Zunächst erhebt sich das Bärchen, auf dessen „Höhle" das Kind geklopft hat. Es geht langsam in der Gegenrichtung im Außenkreis herum. Dann folgt in der nächsten Strophe das Pferdchen, dann die Puppe Lisa usw., bis alle angesprochenen Spielgegenstände im Außenkreis herumwandern.
Bei der letzten Strophe laufen sie in den Innenkreis, fassen sich bei den Händen (oder Schultern) und tanzen mehrmals fröhlich im Kreis herum. Dann darf die Puppe Lisa ein neues Kind wählen, das im Innenkreis herumwandern und die Spieltiere auf die Reise schicken kann.

Vorsicht! Erst anklopfen!

Nun kann Jan schon die Tage bis Weihnachten zählen. Er hat noch soviel zu tun. Für Mutti hat er schon ein Schlüsselbrett ausgesägt. Ein schöner großer Fisch ist das geworden. Den will er heute anmalen und die Schrauben für die Schlüssel befestigen. Auch den Elefanten für die Bücherstütze für Vati hat er schon ausgesägt und geschmirgelt. Da will er eine Satteltasche mit vielen bunten Fransen draufmalen. Doch zuerst tuscht er den Fisch hellblau an und legt ihn zum Trocknen auf die Heizung.

Nach einer Weile pinselt er sorgfältig die Flossen und den Schwanz mit dunkelblauer Farbe an. Dann beginnt er die Schuppen mit Deckfarben aufzumalen. Wie das toll aussieht!

Da hört er Mutters Schritte. Schnell deckt er Zeitungspapier über den Fisch und stellt seine Farbtöpfe oben drauf.

„Jan, kannst du nachher zum Kaufmann gehen und Mehl und Honig holen! Ich hab' nicht genug für die Weihnachtsplätzchen", sagt Mutter. „Mach' ich, Mutti!" ruft Jan, „ich muß nur noch schnell den F . . . Vogel zu Ende malen."

„Es reicht, wenn du in einer halben Stunde losgehst", sagt Mutter und geht wieder in die Küche. Jan deckt das Zeitungspapier wieder auf. Die feinen Deckweißstriche sind ganz verwischt, die dunkle Farbe der Flossen klebt am Papier.

„So ein Mist!" schimpft er. „Ach was, ich male einfach den ganzen Fisch mit dunkelblauer Farbe an. Dann hebt er sich auch viel besser von den Kacheln in der Küche ab!"

Und dann malt er noch ein großes Schild: Vorsicht! Erst anklopfen! Hier wird für Weihnachten gebastelt! Das hängt er an seine Zimmertür.

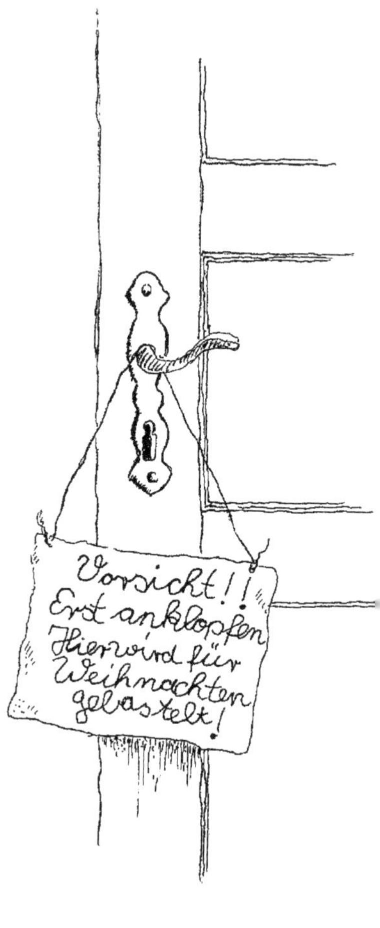

Und was basteln wir heute?

Mutter hat den Küchentisch ausgezogen und Klebe, Buntpapier, Schere und anderes Bastelmaterial bereitgestellt.

„Hurra“, ruft Bettina, „heute ist Bastelnachmittag! Mami, heute wollen wir den ganzen Nachmittag basteln! Gut, daß wir so früh anfangen, dann kriege ich alle Weihnachtsgeschenke für euch und Opa und Oma und die andern Verwandten noch fertig!“

Und hier sind Mutters Bastelvorschläge:

Kerze aus einer Serviette

Material:
1 rote Serviette, gelbes und rotes Tonpapier (Reste), Bleistift, Schere, Klebstoff, Schleifenband

Kerzenflamme nach Muster aus gelbem Tonpapier schneiden. Aus rotem Tonpapier zwei schmale Ovale ausschneiden und von beiden Seiten auf die Flamme kleben.
Serviette von der offenen zur geschlossenen Seite hin aufrollen.
Flamme in ein Ende der Serviettenrolle einkleben.
Serviettenrolle mit einer Schleife versehen, damit sie zusammenhält.
Kleine Geschenke, wie z. B. Stifte und andere runde Gegenstände, lassen sich hübsch in dieser Kerze verpacken!

(U. Weber)

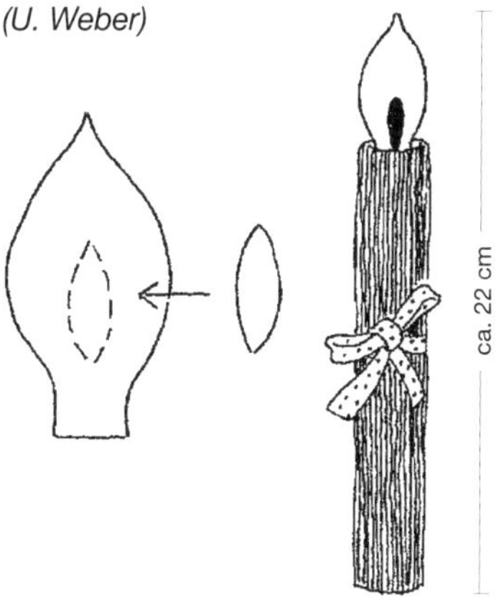

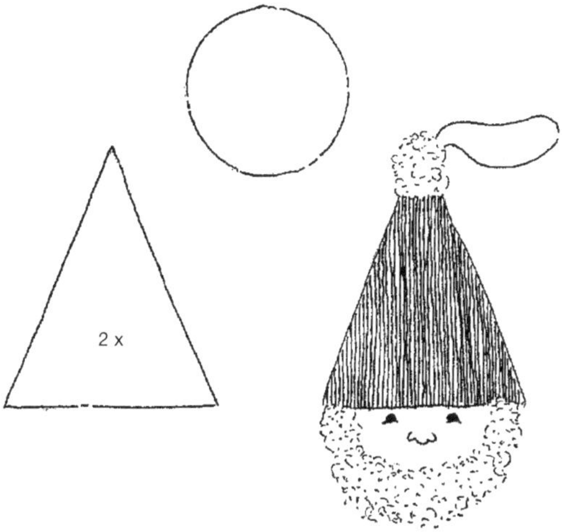

Nikolaus-Anhänger für Weihnachtsgeschenke

Material:
Rotes Tonpapier, weißes Zeichenpapier, Watte, rotes Nähgarn, Nadel, Bleistift, Filzstifte, Klebstoff, Schere.

Zwei gleiche Dreiecke aus rotem Tonpapier ausschneiden (Mütze).
Für den Kopf einen Kreis aus weißem Papier zuschneiden.
Mütze von vorn und hinten ein Stück über den Kopf kleben.
Gesicht aufmalen sowie Bart aus Watte aufkleben.
Bommel aus Watte an die Mützenspltze kleben; durch die Mützenspitze ein rotes Band ziehen.

(U. Weber)

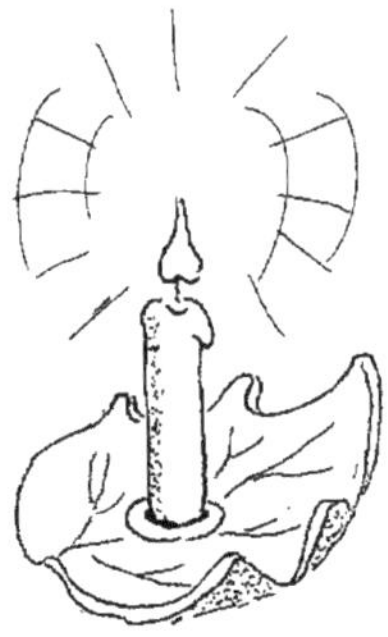

Kerzenständer in Blattkeramik

Material:
Ein **frisches** Herbstblatt (alte Blätter sind spröde + brechen!), Beispiel: Ahorn, Eiche, Haselnuß.
Ton, Glasur, aus dem Fachgeschäft für Töpfereibedarf oder beim Keramiker.

Kerze

Werkzeug:
Ein spitzes Messer (Obstmesser), Teigrolle
ein altes Tuch (Geschirrtuch), eine Unterlage (z. B. Schneidbrett), eine Zeitung

Die Arbeit ist kinderleicht und sehr dekorativ. Außerdem ist Ton ein preiswertes, umweltfreundliches Naturmaterial, mit dem Kinder sehr kreativ arbeiten.

Arbeit:
1. Auf ein altes Tuch, das leicht angefeuchtet und ganz glatt auf dem Tisch liegt, legst du ein Stück Ton, etwa so groß wie ein Tennisball.
2. Drücke die Kugel mit beiden Händen auseinander und walze mit der Teigrolle ein ca. 1 cm großes Stück aus (ähnlich wie die Mutter, wenn sie Lebkuchen bäckt).

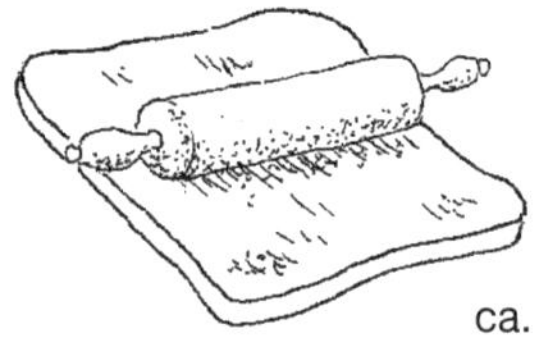

ca. 1 cm dick ausrollen

Jetzt merkst du auch, warum das Tuch feucht sein soll, denn es rutscht dadurch nicht weg. Außerdem kannst du deine Arbeit leichter vom Tuch als vom Tisch lösen.

3. Jetzt legst du dein Blatt auf die Tonplatte. Schaue es genau an, die **Unterseite,** dort wo die Blattadern hervortreten, muß auf dem Ton liegen.
   Walze mit der Teigrolle das Blatt in den Ton ein, und schneide es mit einem Messer dem Rand entlang aus.
   Jetzt entfernst du vorsichtig das Blatt, und du siehst das schöne feine Adernetz im Ton.

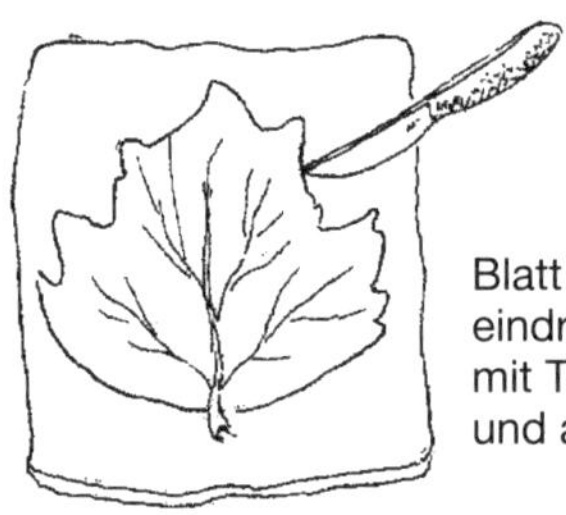

Blatt auflegen, eindrücken mit Teigrolle und ausschneiden

4. Lege das entstandene Blatt auf deine Unterlage und biege die Kanten etwas hoch wie zu einer Schale.
   Stütze sie mit geknüllter Zeitung etwas ab, damit sie beim Trocknen in Form bleiben.

Hochbiegen Zeitung unterschieben.

5. Jetzt formst du eine kleine Kugel und legst sie in die Mitte deines Blattes.
   In die Kugel drückst du ganz fest deine Kerze, drehst sie etwas und ziehst sie wieder heraus.
   Fertig ist die Arbeit! Sie muß nur noch ca. 4 Tage trocknen und wird dann bei ca. 850 °C gebrannt. (Schrühbrand)

Besonders schön ist das Blatt, wenn es auch noch glasiert, und nochmals bei ca. 1050 °C gebrannt wird. (Glasurbrand)

Tonkugel in die Mitte.

Kerze fest hineinstecken.

Übrigens – jeder Keramiker brennt dir gerne gegen ein paar Pfennige deinen Kerzenständer.

Weitere Möglichkeiten (für Schulkinder oder Eltern):
große Blattschalen aus Blättern von Grünkohl, Federmohn oder Rhabarber

Namenschilder:

So

oder so

Adventskranz:

Dicke Tonwurst,
darauf Blätter + 4 Kerzenständer

oder: Ständer für dicke Kerze aus Blattkombination.

Blätter in der Mitte aufeinander drücken, Ränder dekorativ hochformen.
In die Mitte aus Tonwulst den Kerzenhalter formen.

Außerdem – du kannst aus der Tonplatte auch mit Plätzchenformen lustige Motive ausstechen und sie als Aufhänger oder Kerzenständer dekorieren.

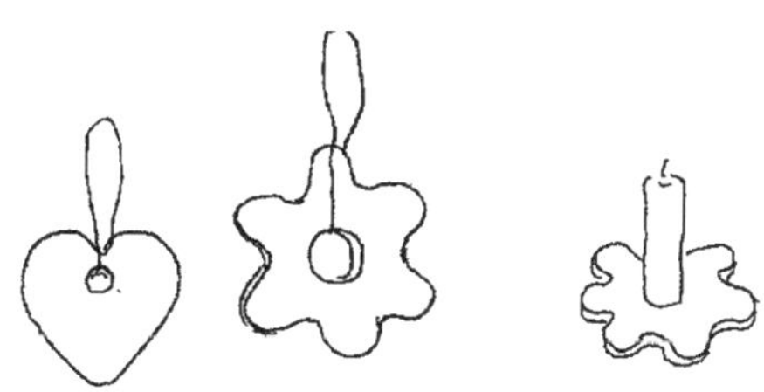

(M. Schacherbauer)

Linoldruck

Für das Gestalten von Weihnachtskarten eignet sich die Linoldrucktechnik besonders gut, weil man von einem Druckstock beliebig viele Abzüge anfertigen kann. Bei dieser Technik werden aus einem Stück Linoleum Linien oder Flächen herausgeschnitten, die Platte mit Farbe bestrichen und auf Papier abgedruckt. Die weggeschnittenen Linien bzw. Flächen erscheinen dann weiß auf dem Papier.

Linoleum (ca. 3 mm stark) kann man entweder in Bastler- oder Zeichenbedarfsläden bekommen oder in Geschäften für Bodenbeläge. Ebenfalls in Zeichenbedarfsläden kann man ein kleines Set kaufen mit unterschiedlich breiten Schneidmessern, schwarzer Druckfarbe in der Tube, einer Walze und einer Kunststoffplatte zum Ausrollen der Farbe. Außerdem brauchst du weißes Papier zum Drucken, ein Blatt Kohlepapier, ein weiches Tuch und eine Kuchenrolle.

Zuerst schneidest du dir die Linoleumplatte mit einem scharfen Messer am besten entlang der Stahlkante eines Lineals in die gewünschte Größe. Dann zeichnest du dir ein Motiv auf ein entsprechend großes Stück Papier. Bedenke dabei, daß dein Bild später auf dem Druck spiegelverkehrt erscheint. Da ist besonders wichtig, wenn du Schrift verwenden möchtest. Probiere bei dem Entwurf aus, was später schwarz und was weiß erscheinen soll. Die weißen Linien oder Flächen werden aus dem Linoleum herausgeschnitten.

Bist du mit deinem Entwurf zufrieden, lege ein Blatt Kohlepapier mit der beschichteten Seite auf die Linoleumplatte, darauf deinen Entwurf und ziehe die Linien mit einem Kugelschreiber nach, so daß du dein Motiv auf das Linoleum überträgst.

Nun kannst du dich daranmachen, die Stellen, die später weiß erscheinen sollen, mit dem Schneidmesser wegzuschneiden. Dabei mußt du die Platte gut festhalten, aber immer so, daß du dir nicht in die Finger schneiden kannst, wenn du mal mit dem Messer abrutschen solltest. Schneide sorgfältig und langsam und paß genau auf, daß du nicht zuviel wegschneidest.

Zum Drucken lege dir deine Arbeitsplatte mit Zeitungspapier aus. Drücke ein höchstens 1 cm langes Stück Farbe aus der Tube auf die Kunststoffplatte, verteile es darauf mit der Gummiwalze, so daß diese gleichmäßig mit Farbe bedeckt ist. Die Walze rollst du nun sorgfältig in allen Richtungen über deine Linoleumplatte. Anschließend legst du ein Stück Papier, das etwas größer als dein Motiv sein sollte, auf das Linoleum, drückst es leicht fest, legst ein weiches Tuch darüber und rollst einige Male kräftig mit einer Kuchenrolle darüber. Ziehe das Papier darauf vorsichtig ab und kontrolliere dein „Werk“. Manchmal findet man noch Stellen, die noch einmal im Linoleum nachgeschnitten werden müssen.

Lasse deine fertig bedruckten Blätter erst trocknen, presse sie dann eine Weile und schneide anschließend die Kanten gerade.

In Zeichenbedarfsläden bekommt man auch bunte Linoldruckfarben, wenn dir die schwarze Farbe nicht gefällt. *(A. Schulz)*

17. Dezember

Das Weihnachtsbäumchen mit Wurzeln

„Mami“, sagt Jan, „meine Fußballfreunde Bernd und Matthias haben schon alle ihren Weihnachtsbaum gekauft. Wenn wir noch lange warten, gibt’s nur noch kahle, mickrige Dinger.“ „Ja“, ruft Michael, „dort drüben beim Stand an der Ecke habe ich nur noch ganz verkrüppelte schiefe Bäumchen gesehn.“

„Wir kriegen schon noch einen Weihnachtsbaum“, sagt Mutter. „Allerdings tut es mir jedes Jahr leid, wenn der schöne Baum nach Neujahr zu nadeln anfängt.“ „Vielleicht sollten wir dieses Jahr überhaupt keinen Baum ins Zimmer holen“, meint Jan. „Unsere Lehrerin hat uns erzählt, daß sowieso immer mehr Tannen im Wald braun werden und geschlagen werden müssen. Wir können doch auf dem Tannenbaum vor dem Wohnzimmerfenster elektrische Kerzen anbringen. Das sieht dann abends ganz toll aus!“ Bettina ist entsetzt. „Nein, nein“, ruft sie, „wo soll ich denn alle meine niedlichen Sterne aus dem Kindergarten dranhängen?“ Auch Michael findet den Vorschlag gar nicht gut. „Nein“, ruft er, „wo ich doch immer die Kerzen auspusten darf, und das riecht hinterher so gut! – Mami, Mami, wir müssen bestimmt wieder einen Weihnachtsbaum haben!“ Da hat Vater eine gute Idee. „Wir fahren am Wochenende alle raus in den Wald. Ich kenne einen Förster. Der geht mit uns in eine Schonung, wo viele Bäume geschlagen werden müssen, weil sie zu dicht stehen. Wir graben ein kleines Bäumchen aus mit ganz viel Erde und pflanzen es nach Weihnachten bei Oma

und Opa im Garten ein. Da kann es den Sommer über stehen und im nächsten Jahr, wenn es ein Stück größer geworden ist, holen wir es wieder ins Weihnachtszimmer.“

„Vati, du hast immer die besten Ideen“, lacht Jan. Auch Mutter ist ganz fröhlich geworden. Sie summt vor sich hin:

(Melodie: Morgen kommt der Weihnachtsmann)

Morgen kommt der Tannenbaum
mit den grünen Spitzen.
Kugeln, Äpfel, Marzipan,
goldne Sterne hängen dran,
oh – wie wird der Tannenbaum
in der Christnacht blitzen!

Vater brummt weiter:

Morgen kommt der Tannenbaum
mit den hellen Kerzen.
Das soll unser schönster sein,
und wir schmücken ihn dann fein.
Lieber grüner Tannenbaum
mit Nüssen, Vögeln, Herzen.

„Ich weiß auch eine Strophe“,
lacht Michael:

Morgen kommt der Tannenbaum
zu uns in das Zimmer.

Nun weiß er nicht weiter. Jan hilft ihm:

Und der Vater gräbt ihn aus,
mit Wurzeln kommt er dann ins Haus.

Mutter singt zum Schluß:

Jedes Jahr darf wachsen er,
treiben, grünen immer.

O Tannenbaum

Auf die Melodie: „O Tannenbaum“ zu singen.

O Tannenbaum, o Tannenbaum,
bald werden wir dich holen.
Mit deinen Zweigen frisch und grün
sollst du bald in der Stube stehn.
O Tannenbaum, o Tannenbaum,
bald werden wir dich holen.

O Tannenbaum, o Tannenbaum,
bald werden wir dich schmücken.
Die Sterne mal’ ich golden an,
wir hängen Äpfel, Nüsse dran.
O Tannenbaum, o Tannenbaum,
bald werden wir dich schmücken.

O Tannenbaum, o Tannenbaum,
bald brennen viele Kerzen,
und hell das Weihnachtsglöckchen klingt,
was wohl der gute Niklaus bringt?
O Tannenbaum, o Tannenbaum,
bald brennen viele Kerzen.

O Weihnachtsbaum, o Weihnachtsbaum,
einmal muß ich noch schlafen,
dann stehn wir vor dir, Lichterbaum,
ich seh’ dich glänzen schon im Traum.
O Weihnachtsbaum, o Weihnachtsbaum,
mit Krippe, Hirt und Schafen.

Engel aus Goldfolie für den Weihnachtsbaum

Material:
Goldfolie, etwa 15 cm weicher, dunner Draht, eine helle Holzperle Ø 1 cm, goldene Schnur (Geschenkkordel).

Schneide aus dem Goldpapier einen Kreis von 6 cm Durchmesser aus und schneide ihn entlang den gestrichelten Linien (Abb. 1) ein. Auf der einen Hälfte des Kreises zeichne dir Flügelfedern ein und schneide die gestreiften Flächen weg.

1

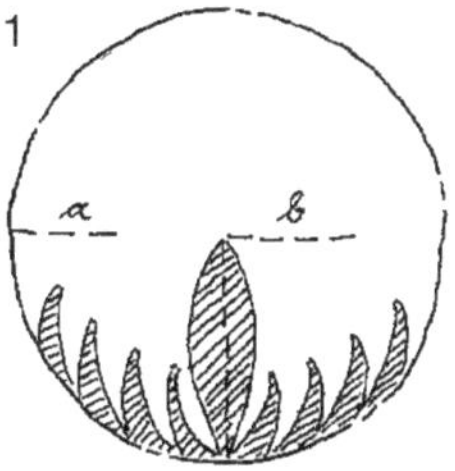

2

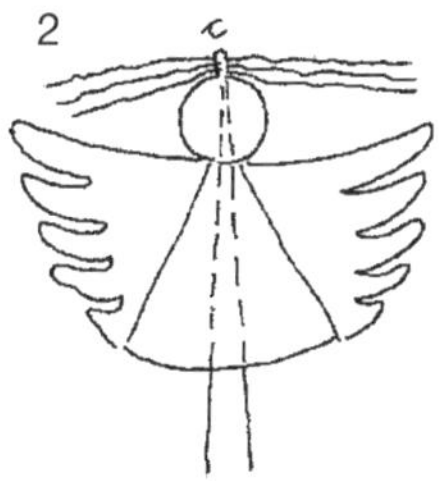

Fasse nun die beiden Flügelspitzen, ziehe sie übereinander und stecke sie an den eingeschnittenen Linien a und b ineinander, so daß das Kleid des Engels mit den Flügeln entsteht. Du kannst, wenn nötig, die hinteren Kanten der Flügel leicht am Kleid festkleben.
Lege nun den Draht einmal halb zusammen und führe ihn durch die Holzperle und die Figur, wie in Abb. 2 dargestellt.
Schneide mehrere ca. 7 cm lange Goldfäden, stecke sie durch die Öse des Drahtes c und ziehe den Draht nach unten. Lege die goldenen „Haare" sorgfältig um die Perle herum und klebe sie daran etwas fest. Du kannst dem Engel auch einen „Pony" schneiden oder, wenn du geschickt bist, sogar kleine Zöpfe flechten.
Damit der Engel sein Kleid nicht verliert, tropfe ihm noch etwas Klebstoff von innen in die Spitze des Kleides.
Die Drahtenden dienen zum Befestigen am Tannenzweig.
Wenn du deine Figur noch verzieren möchtest, dann kannst du in das Goldpapier nach dem Ausschneiden mit einer Nadel feine Muster hineinritzen. *(A. Schulz)*

Weihnachtsrätsel

Bunte Blätter fliegen, tanzen
in dem Bri-Bra-Brausewind.
Die reißt er alle von den Bäumen,
wirbelt sie empor geschwind.

Kahl und leer sind alle Äste,
meine sind ganz dicht und grün,
und ihr könnt im kalten Winter
voller Schnee sie hängen sehn.

Manchmal bin ich auch ganz bunt,
oh, wer hätte das gedacht?
Dann bin ich so schön geschmückt –
wartet – in der Heiligen Nacht.

(Tannenbaum)

Kannst du reimen?

Wi – Wa – Winterwind,
sag, was braust du so ge . . .? (schwind)
Du jagst durch den Wald daher,
pustest alle Äste . . . (leer)

Wilder Wind, was tobst denn du?
Laß den Tannenbaum in . . . (Ruh)
Das wird doch unser Weihnachtsbaum,
ich seh' ihn glänzen schon im . . . (Traum)
Bald wird er uns ins Haus gebracht,
dann schmücken wir ihn zur Heiligen . . .
(Nacht)

Kleines Spiel von den Tannen

Dieses lustige Spiel wird aus dem Kreis heraus gespielt. Die Tannenbäume können grüne Strumpfhosen, grüne Blusen und Pullover tragen. Die Wichtel tragen graue Strumpfhosen, bunte Kittel und Pudelmützen. Der Nikolaus trägt einen weiten grünen Mantel; dazu in Norddeutschland eine rote Kapuze, in Süddeutschland eine selbstgebastelte Bischofsmütze.

Die Tannen stehn im Spielkreis und rufen:

Nein, nein, nein!
Das ist so gemein!
Wir Tannen müssen klagen,
der Förster wird uns schlagen
und in die Häuser tragen.
Ach, muß das wirklich sein?
Die Menschen sind gemein!

1. Tanne: Ich seh' kein Eichhörnchen mehr springen.
2. Tanne: Kein Vogel wird mehr bei mir singen.
3. Tanne: Ich hab' so schöne Tannenzapfen.
4. Tanne: Im Winter seh' ich Hasenstapfen.
5. Tanne: Die Vögel bauten bei mir ihr Nest.
6. Tanne: Warum gibt's bloß das Weihnachtsfest?
1. Tanne: Ich möchte noch lang hier draußen stehn.
2. Tanne: Den Mond, die Sterne mir besehn.
3. Tanne: Wie Spinnen ihre Netze weben.
4. Tanne: Ach, laßt uns grüne Tannen leben!
5. Tanne: Ich weiß was, wir rufen den Nikolaus!

Alle: Nikolaus, komm zu uns in den Wald hinaus!

Nikolaus: (kommt)
Ich hab' euch Tannen längst gehört!
Ich weiß, warum ihr euch beschwert!
Drum hab' ich die Wichtelschar mitgebracht,
die wird euch helfen, gebt nur acht!

1. Wichtel: Wir graben mit allen Wurzeln euch aus,
so tragen wir euch sacht ins Haus.
2. Wichtel: Ihr freut euch an hellem Lichterschein.
3. Wichtel: Den Nadelduft tragt ihr zum Fest herein.
4. Wichtel: Ihr sollt zur Weihnacht geschmückt sein.

5. Wichtel: Um Neujahr graben wir wieder euch ein.

6. Wichtel: Ihr wachst dann weiter Jahr für Jahr
und erzählt, wie schön es zu Weihnachten war.

1. Wichtel: Und sitzt ein Vogel bei euch in den Zweigen,
dann könnt ihr ihm euren Schmuck mal zeigen.

2. Wichtel: Ein Goldfaden hier – den silbernen Stern,
die goldene Nuß mag das Eichhörnchen gern.

3. Wichtel: Und wenn die Sommersonne lacht,
dann freut ihr euch auf die Weihnachtsnacht.

Die Wichtel graben die Tannen pantomimisch vorsichtig aus, tragen sie in die Mitte des Kreises. Dort stehen die Tannen mit ausgebreiteten Armen, die Wichtel schmücken sie pantomimisch. Sie singen auf die Melodie: Ein Vogel wollte Hochzeit machen …

Nun bringt Lametta, Nüsse her,
der Weihnachtsschmuck wird immer mehr.
Fiderallala …

Wir hängen alle Äste voll,
es glänzt und glitzert wirklich toll!
Fiderallala …

Und nach dem Fest ganz frisch und grün
sollt wieder ihr im Walde stehn!
Fiderallala …

(Die Wichtel tanzen um die Bäume herum.)

Nikolaus: Nun bringt die Tanne her ins Haus!
Alle Tannen: Wir danken, lieber Nikolaus!

(Nikolaus zieht voran, in einer langen Reihe folgen Wichtel und Tannen. Sie haben sich an den Händen gefaßt.)

(Am Schluß kann eventuell noch ein Sprecher auftreten:)

Tannenbäume, grün und schön,
ihr dürft mit uns zur Stadt reingehn!
Ihr sollt nun Stern und Nüsse tragen,
soll keiner euch im Walde schlagen.
Wir graben euch mit Wurzeln aus,
so grünt ihr weiter bei uns zu Haus.

18. Dezember

Der Adventsstern

„Mami, darf ich heute nachmittag wieder zu Ingrid gehen?“ fragt Bettina. „Sie hat so gute Wachsstifte, und wir wollen die Kalender doch zu Ende malen! Bei dem Kalender für Omi fehlen noch zwei Blätter.“
„Ja, aber sei nicht so spät zurück“, ruft Mutter. „Jetzt wird es schon um fünf Uhr dunkel. Du willst doch auch noch helfen, das Salzgebäck für den Weihnachtsbaum anzumalen!“
„O, ja, wart doch damit, bis ich wieder da bin“, ruft Bettina. „Ich möchte die vielen kleinen Vögel bunt machen und die Herzen und Sterne auch!“
Bettina und Ingrid basteln den ganzen Nachmittag eifrig an ihrem Kalender. Für das Dezemberblatt klebt Bettina einen Nikolaus aus roter Pappe mit einem weißen Wattebart auf. Ingrid hat für den Dezember das Blatt mit Goldfarbe angemalt und schwarze Plakafarbe darübergestrichen. Jetzt kratzt sie mit dem Kratzmesser den Stall, den Stern, die Krippe und das Kind, Maria und Josef heraus. „Guck mal, Bettina, die Maria und das Kind haben einen hellen goldenen Schein um den Kopf!“ ruft sie fröhlich.
Draußen ist es dunkel geworden. „Ich glaub’, du mußt jetzt gehen“, sagt Ingrid, „ich bring’ dich noch bis zur Ecke, dann hast du es nicht mehr weit bis nach Haus!“
Aber als Bettina das letzte Stück allein gehen soll, ist ihr doch unheimlich zumute. Sonst brennt in den Nachbarhäusern immer Licht. Heute ist es ganz dunkel in der Straße. Wenn wenigstens die Sterne leuchten würden! Schneeschauer klatschen ihr ins Gesicht. So lang ist ihr der Weg noch nie vorgekommen! Die großen

dunklen Tannen auf dem unbebauten Grundstück sehen richtig unheimlich aus.
Knackt es nicht im Gebüsch? Bettina fängt an zu laufen. Wie laut die Schritte auf dem Asphalt zu hören sind!
Da – ein großer goldener Stern schimmert zwischen den kahlen Bäumen! Das ist doch der schöne Adventsstern vor dem Wohnzimmerfenster! Vater hat eine Glühbirne hineingedreht. Mutter hat das Licht eingeschaltet, warm und vertraut leuchtet der Schein auf die dunkle Straße hinaus. Bettina springt die Stufen hoch. Sie klingelt dreimal hintereinander und fliegt der Mutter an den Hals. „Mami, Mami“, ruft sie fröhlich, „überall ist es dunkel. Aber unser Stern macht den Garten und die Straße ganz hell!“

Sternenhimmel im Zimmer

Wollt ihr an einem dunklen Adventsabend euch einmal einen leuchtenden Sternenhimmel an die Zimmerdecke zaubern? Nehmt eine alte Blechdose und schlagt mit einem Nagel kleine Löcher hinein. Ihr könnt auch ganz bestimmte Sternbilder hineinstanzen, z. B. den Großen Wagen oder den kleinen Wagen. Nun stellt ihr eine starke Taschenlampe in die Dose und schaltet das Licht im Zimmer aus. Seht ihr die Sterne flimmern?
Hier ist ein kleines Sternengedicht für euch:

Sterne an dem hohen Himmel
in der dunklen Winternacht.
Ihr habt eure goldnen Strahlen
strahlend hell für uns entfacht.

Sterne an dem hohen Himmel
ihr sollt uns ein Zeichen sein.
Gottes Freude, Gottes Liebe
strahlt in unsre Welt hinein.

Spiel vom Sterntalerkind

Das Spiel beginnt mit leisen Klängen vom Glockenspiel. Die Kinder stehen im Kreis und singen nach der Melodie „Alle meine Entchen" oder nach einer eigenen Melodie, das Sterntalerkind geht langsam im Innenkreis herum.

All die vielen Sterne
am hohen Himmelszelt
scheinen aus der Ferne
auf unsre dunkle Welt.

All die Sterne wandern
am hohen Himmelszelt.
Nun seht das arme Mädchen,
es friert auf weitem Feld.

Es hat nicht Vater, Mutter,
das Kind ist ganz allein;
es hat kein Bett, kein Häuschen,
wie traurig muß es sein.

Das arme Kind, es hungert sehr,
hat nur ein Stückchen Brot.
So zieht es einsam übers Feld,
wer hilft ihm in der Not?

Ein Kind tritt ihm von der Kreislinie entgegen:

Oh, liebes Kind, mich hungert sehr,
ach, gib mir was zum Essen her.

Sterntalerkind: Ich habe nur dies Stückchen Brot,
das geb' ich dir in deiner Not.

Lied: All die Sterne wandern
am hohen Himmelszelt.
Nun seht das arme Mädchen,
es hungert auf dem Feld.

Zweites Kind tritt dem Sterntalerkind entgegen:

Mich friert es auf dem Kopf so sehr,
ach, gib du mir dein Mützchen her.

Sterntalerkind: Du sollst nicht frieren in kalter Nacht,
ich setz' dir auf mein Mützchen sacht.

Lied: All die Sterne wandern
am hohen Himmelszelt.
Nun seht das arme Mädchen,
es friert auf weitem Feld.

Drittes Kind tritt dem Sterntalerkind entgegen:

Mich friert es auf dem Rücken sehr,
ach, gib du mir dein Jäckchen her.

Sterntalerkind: Du sollst nicht frieren im kalten Wind,
ich geb' dir mein Jäckchen, liebes Kind.

Viertes Kind tritt dem Sterntalerkind entgegen:

Ich bin so arm, ich friere sehr,
ach, gib du mir dein Röckchen her.

Sterntalerkind: Und habe ich auch gar nichts mehr,
so geb' ich dir mein Röckchen her.

Sprecher: Nun hat das arme Kind alles, alles weggeschenkt. Und als es so ganz arm und allein unter dem dunklen Himmelszelt stand, da ertönte ein leises Klingen (Glockenspiel).
Da fielen vom Himmel viele goldene Sterne herab. Das Kind streckte die Hände aus und fing die Sterne auf.

Das Sterntalerkind zieht Jäckchen und Rock aus, die neben ihm auf der Erde liegen. Es streckt die Hände in die Höhe und fängt pantomimisch die Sterne auf.

Lied: (obige Melodie)
Liebes, armes Mädchen
auf weitem blauem Feld.
Nun fallen die goldnen Sterne
vom hohen Himmelszelt.

Liebes, armes Mädchen,
verschenktest Rock und Brot.
Gefüllt sind deine Hände,
du leidest nicht mehr Not.

Das Sterntalerkind tritt in die Kreislinie zurück, es kann die neuen Spieler bestimmen.

Dieses Spiel ist bei den Kindern sehr beliebt; es kann in wechselnder Besetzung oft wiederholt werden. Die Begleitmelodie auf dem Glockenspiel und Triangel kann mit den Kindern gemeinsam erarbeitet werden.

Purzeln Sterne aus dem Himmel?

Sternezählen

Ingrid und Helga haben viele Sterne aus Goldfolie ausgeschnitten.
Nun liegen sie alle ausgebreitet auf der Tischdecke.
Kannst du sie zählen?
Einige davon haben 6 Zacken, einige 8 Zacken.

Roter Weihnachtsstern – Schmuck für Fenster oder Tannenstrauß

Material: Tonpapier – rot, Klebstoff

1. Schneide aus rotem Tonpapier 9 Streifen, 3 cm breit, 12 cm lang.

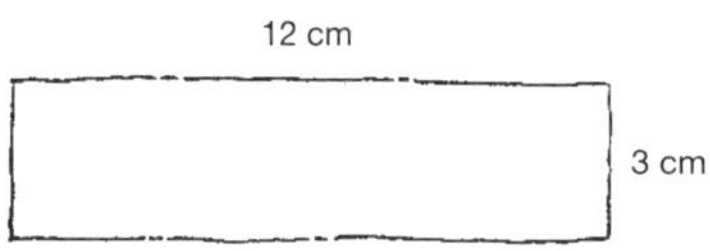

2. Drehe aus jedem Streifen eine „Tüte“, die unten ein Loch hat (siehe Zeichnung).

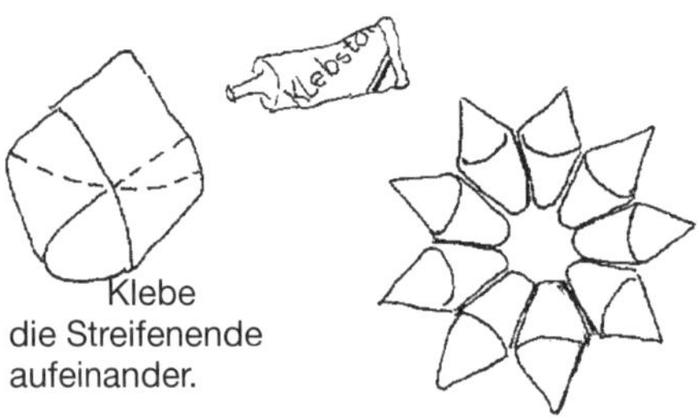

3. Lege alle 9 Tüten zu einem Kreis dicht nebeneinander auf den Tisch. Die Spitzen zeigen nach außen. Wo sie zusammenstoßen, klebe sie aneinander. Binde zum Schluß ein Band an eine Zacke deines Sterns.

(E. Scharafat)

Stern zum Tragen

Du brauchst: Fotokarton, Pappe, Goldfolie, 1 Stock, Klebstoff, Schere, Stift, eventl. Tacker.

Zuerst zeichnest du einen Stern auf Pappe und machst dir davon eine Sternschablone. Lege den Fotokarton doppelt. Übertrage deine Schablone darauf und schneide die beiden Sterne zusammen aus. Bei jedem Stern beklebst du eine Seite mit Schnipseln oder Motiven aus Goldfolie. Bevor du die beiden Sterne zusammenklebst, legst du deinen Stock dazwischen. Die Sterne mußt du ganz fest aufeinanderdrücken, damit der Stock gut festsitzt. Vielleicht läßt du dir zusätzlich den Stock von der Erzieherin/der Mutter mit einem Tacker befestigen.

(U. Weber)

19. Dezember

Bei den Turmbläsern auf dem Weihnachtsmarkt

„Heute gehen wir auf den Weihnachtsmarkt", sagt die Mutter. „Aber warm anziehen, auf dem Rathausplatz zieht es immer so!"
„Zieht wie Hechtsuppe!" grinst Jan.
Von allen Seiten strömen die Menschen auf den Rathausplatz. „Um fünf Uhr ist dort oben Turmblasen", sagt die Mutter. „Da könnt ihr so schöne alte Choräle hören, wie sie früher im Osten, wo die Oma herkommt, zu Weihnachten vom Kirchturm geblasen wurden."
„Mm – das duftet nach gebrannten Mandeln!" ruft Michael. „Und nach Bratwürsten und Pommes!" meint Jan.
Vor dem Rathaus steht eine riesige Tanne. „Die ist bestimmt 100 Meter hoch", staunt Michael. „Na, zwanzig Meter reicht auch, junger Mann", sagt ein Herr neben ihnen. „Kommt, ich mach' euch Platz, dann könnt ihr die Turmbläser sehen!"
„Macht hoch die Tür, die Tor macht weit!" schallt es über die Menschenmenge hinweg.
Bettina zieht Mutter an der Hand. „Mami, da vorn gibt es eine Bude mit einem ganz bunten Bauernhof aus Holz und vielen, vielen Tieren! Oh – ich wünsch mir doch noch eine Kuh und ein Schäfchen!"
„Und ich einen Trecker", stellt Michael fest. „Babykram", sagt Jan grinsend. „Für mich gibt's nicht das Richtige hier auf dem Weihnachtsmarkt." Aber dann bleibt er doch wie angewurzelt stehen vor der Bude mit

den Oldtimern. „Toll, Mami, so ein Modell fehlt mir noch in meiner Sammlung!“ „Ist alles in meinem Kopf notiert“, lacht die Mutter. „Aber eigentlich ist heute nur ein „Gucktag“ und kein „Kauftag“.
Dann bleibt sie aber doch ganz verzaubert vor den Holzfiguren aus Polen stehen. „Schaut mal, die Könige, wie die aus dem Holz geschnitzt sind! Wie die sich verneigen. Fast kippen sie um, aber sie bleiben doch ganz fest auf ihrem hölzernen Fuß stehen. Und wie wunderschön diese matten Naturfarben!“
„Mami, kauf doch einen König für unsere Krippe!“ bettelt Bettina. „Ja, vielleicht ist noch ein vierter König zur Krippe gezogen“, meint Michael. „Ist nicht teuer“, sagt die polnische Verkäuferin mit dem bunten Kopftuch. „Wir haben noch die Pakete für die Freunde in Ungarn und Rumänien zu packen“, sagt die Mutter. „Mein Geld reicht gerade für die bunten Holzvögel auf dem Tannenbaum.“
„Alles selbst geschnitzt“, sagt die junge Polin und wickelt die Vögel vorsichtig ein.
„Guck mal“, sagt Jan, „da sind noch unbemalte Holzfiguren, Engel, Könige und Tiere. Die sind nicht so teuer. Und wir können sie selbst wunderschön anmalen! Ein Räuchermännchen können wir auch fertig basteln!“
Da läßt Mutter sich breitschlagen. „Nun reicht das Geld gerade noch für zweimal Karussell fahren für Bettina und Michael“, sagt sie. „Und ich krieg' eine Bratwurst mit Ketchup“, wünscht sich Jan.
„Das Schönste vom Weihnachtsmarkt war der weiße Schwan auf dem Karussell“, sagt Bettina, als sie abends im Bett liegt. „Die Zuckerwatte war auch nicht schlecht“, meint Michael. „Und ich krieg' den Oldtimer, glaub' ich“, denkt Jan. „Mami hat so lustig mit den Augen gezwinkert!“

Auf dem Weihnachtsmarkt

Text: Barbara Cratzius
Musik: Ludger Edelkötter

2. Der Glühpunsch duftet schon von weit,
oh – der muß köstlich schmecken!
Ich möcht' so gern vom Gummibär,
an der Lakritz mal lecken!

3. Auch Zuckerwatte, das wär' fein
und Bratwurst von den Rosten.
Mit Ketchup und mit süßen Senf,
was mögen die wohl kosten?

4. Nun gehen wir zum Christbaumschmuck,
den Engel und die Sterne,
und auch den Zwi-Zwa-Zwergenbub,
den hätte ich so gerne.

5. Da dreht sich schnell das Karussell,
ich steige auf den Schimmel.
Dann geht es rundherum im Kreis
mit Schnalzen und Gebimmel.

6. Da hinten steigt das Riesenrad,
das soll ganz hoch mich heben,
dann will ich überm Weihnachtsmarkt
weit in den Lüften schweben.

7. Nun kauf' ich einen Luftballon,
den lasse hoch ich fliegen.
Vielleicht sieht er den Nikolaus
grad um die Ecke biegen.

8. Und lieg' ich abends müd im Bett,
dann fang' ich an zu träumen;
von Engeln, Sternen, Nikolaus,
von 1000 Weihnachtsbäumen.

Methodischer Vorschlag zu dem Lied:
„Auf dem Weihnachtsmarkt"

Gestaltungsvorschlag:
Vielleicht besuchen wir mit der Kindergruppe oder den eigenen Kindern den Weihnachtsmarkt. Dann kann als Einstimmung oder auch als „Nachbesinnung" dieses Lied gesungen werden. Der Kehrvers ist schon von den Kleinsten mitzusingen. Jede Strophe enthält eine Reihe von Bildern. Die einzelnen Szenen des Weihnachtsmarktes werden auf große Bögen gemalt, die beim Singen nacheinander hochgehalten werden.
Diese Bögen können auch an einem Holzstab befestigt werden, den zwei Kinder jeweils tragen oder im Gruppenraum aufgehängt werden.

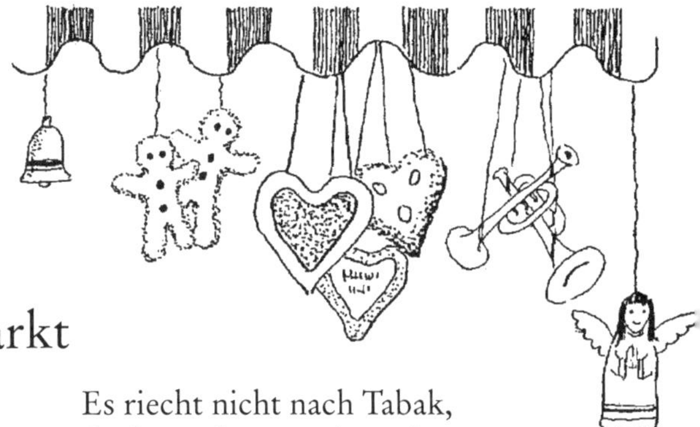

Auf dem Weihnachtsmarkt

Die Flügel drehn sich im Kreise,
die Flügel aus hellem Holz,
und es drehn und drehn sich die Hirten
und die Könige voll Stolz.

Die Kerzen duften und schimmern
über Ochs, Krippe und Rind.
Maria und Josef bewachen
das liebe Jesuskind.

So laufen und drehn sich die Tiere
und holen das Kind doch nicht ein?
Das kann doch – hast du's erraten? –
auf der . . . nur sein.

(Weihnachtspyramide)

Es riecht nicht nach Tabak,
doch raucht es und raucht.
So schaut, wie das Männchen
duftet und schmaucht!

(Räuchermännchen)

Ich bin ein bunter starker Mann,
mein Haupt, das reck' ich stolz empor.
Und wenn ich zubeiß', knackt's und knirscht's,
ich mach' dir's gleich mal vor.

(Nußknacker)

20. Dezember

Die Hirten auf dem Felde

„Mami, holen wir heute die Krippenfiguren vom Boden?“ fragt Bettina. „Du hast doch gesagt, kurz vor Weihnachten können wir damit anfangen, die Krippe aufzubauen!“ “Vati muß ja auch noch den Stern mit dem elektrischen Licht anbringen“, erinnert sich Michael. „Und vielleicht müssen wir auch noch etwas heilmachen bei den Figuren oder die Schäfchen und die Königskrone nachmalen.“ „Ja, heute fangen wir damit an“, sagt die Mutter. „Und von den Hirten erzählst du uns wieder die schöne Geschichte“, bettelt Bettina. „Wie der Wolf nachts um die Herde geschlichen ist“, erinnert sich Michael. „Hier habt ihr das große Holzbrett“, sagt Mutter. „Toll!“ ruft Michael. „Richtige kleine Hügel und Berge sind darauf zu sehen!“
„Ihr könnt schon das Moos holen, das wir aus dem Wald mitgebracht haben! Polstert die Täler und Hügel damit aus. Ich bring’ inzwischen die Schäfchen und die Hirten!“ Vorsichtig wickelt sie eine Figur nach der andern aus. „Der alte Hirte hier mit dem Schlapphut, den finde ich am besten!“ sagt Michael. „Der sieht richtig unheimlich aus mit dem großen Stock in der Hand und dem schwarzen Bart und den zerzausten Haaren!“ „Die Hirten waren starke Männer“, sagt Mutter. „Weitab von den Häusern der Menschen haben sie gelebt und ihre Herden gegen Raubtiere verteidigt. Sie fühlten sich draußen in ihren Zelten in den einsamen Wüstenlagern wohler als in den Häusern der Menschen in den Dörfern. Manchmal hatten sie auch etwas Böses getan. Sie spürten, daß sie ausgestoßen und verachtet waren.“

Mutter wickelt einen schönen braunen Hirtenhund aus und noch einen. „Die Hunde haben ihnen geholfen gegen die wilden Tiere“, sagt sie. „Guck mal, was die für scharfe Zähne haben!“ „Mami, darf ich den alten Hirten hier oben auf den Berg stellen?“ fragt Bettina. „Dann kann er ganz weit übers Land gucken. Vielleicht hat er auch als erster die Engel gesehen.“ „Und die Schäfchen! Die kuscheln sich hier hinter dem Zaun zusammen“, sagt Michael. „Die haben doch auch Angst gehabt in der Nacht.“ „Hier kommen die Holzstücke hin“, entscheidet Bettina. „Nicht wahr, Mami, da setzen wir die Hirten herum, das ist ihr Feuer!“ „Und wo sollen wir die Engel hinstellen?“ fragt Mutter. „Die müßten doch eigentlich von oben von der Zimmerdecke runterfliegen!“ meint Michael. „Die Engel müssen nicht immer Flügel haben“, sagt Mutter. „Die Engel sind ja Boten Gottes gewesen. Die können überall bei uns auf der Erde sein und uns seine Botschaft sagen.“ „Dann stell’ ich sie hier hinter den großen Stein!“ ruft Michael. „Und am Heiligabend rück’ ich sie hervor, weißt du, wenn Vati die Weihnachtsgeschichte vorliest.“

Rätsel

Meistens sind wir weiß und wollig,
Gras, das mögen wir so gern,
haben Angst vor scharfen Hunden
und vorm Stecken unseres Herrn.

Manchmal sind wir auch ganz schwarz,
springen flink und froh herum
auf vier dünnen, schnellen Beinen,
lieb sind wir und – gar nicht dumm.

(Schäfchen)

Ein Hirte ruft

Text: Barbara Cratzius
Musik: Ludger Edelkötter

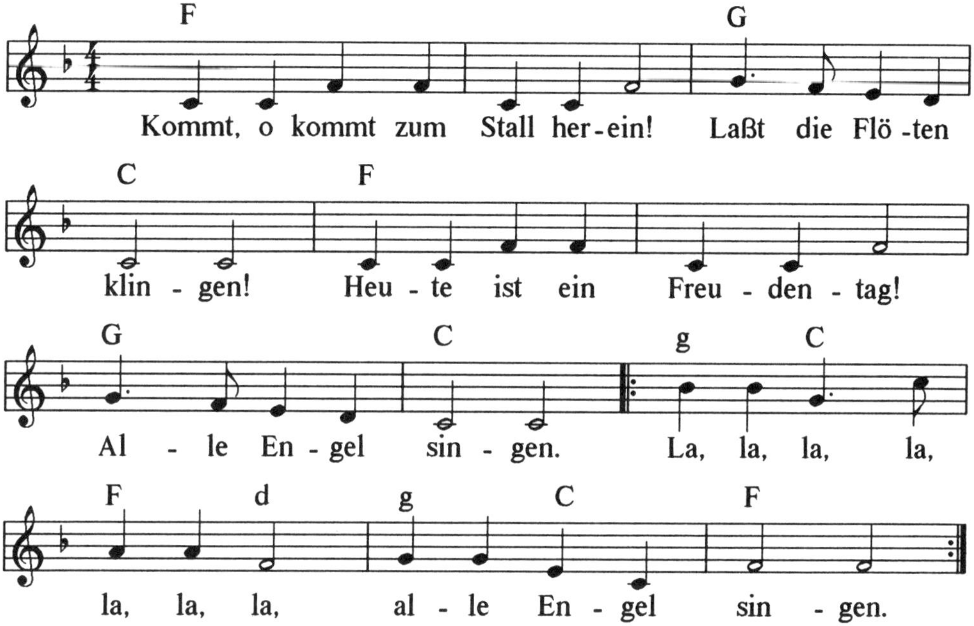

Kommt, und laßt die Arbeit sein!
Wie die Zicklein springen!
Heute ist ein Freudentag!
Laßt uns tanzen, singen!
La, la, la, la, la, la, la,
laßt uns tanzen, singen!

Kommt – die Tür uns offen steht!
Laß das Streiten, Zanken!
Seht doch – dieses liebe Kind!
Laßt uns Gott heut danken!
La, la, la, la, la, la, la,
laßt uns Gott heut danken!

Hinweis:
Dieses Lied kann bei einem Krippenspiel eingesetzt werden, wenn die Gruppe der Hirten mit den Schafen zum Stall zieht. Alle sprechen gemeinsam den Kehrvers mit:

Ihr Hirten, ihr Hirten,
nun sind wir froh,
da liegt unser Kindlein
auf Heu und auf Stroh.

Kleines Hirtenspiel

1. Hirt: Wir Hirten, wir halten in kalter Nacht
bei unsern Herden draußen die Wacht.
2. Hirt: Vom Himmel strahlt ein helles Licht,
die Schafe drängen sich dicht an dicht.
3. Hirt: Ich mein', sie wittern den Wolf, die Gefahr,
die Hunde selbst sind so sonderbar.
4. Hirt: Ich zieh' um die Hürden Runde um Runde,
der Stern dort glänzt heller Stunde um Stunde.
1. Hirt: Ich hab' solche Nacht noch nie erlebt,
in der die Erde zittert und bebt.
2. Hirt: Oh, seht – nun trifft uns der gleißende Schein,
als stürze der Himmel über uns ein.
3. Hirt: So werft euch zu Boden, verbergt das Gesicht!
Wie blendet uns jenes leuchtende Licht!
Engel: Ihr Hirten, laßt das Zittern und Zagen,
Gott selber will das Licht zu euch tragen.
Licht aus der Finsternis ist euch erschienen,
zu heilen, zu helfen, zu lieben, zu dienen.
Ihr sollt nun eilends nach Bethlehem gehn,
um Gottes Sohn, euren Bruder zu sehn.
Und danken dürft ihr, loben und singen,
Gott will allen Menschen den Frieden bringen.
1. Hirt: Ich hab's gehört mit eigenen Ohren,
wir sind nicht mehr allein und verloren.
2. Hirt: So laßt uns eilen und allen verkünden,
wo wir das Kind in der Krippe finden.
3. Hirt: Wir laufen los mit eiligem Schritt,
ihr Menschen, kommt doch alle mit!
4. Hirt: Da liegt das Kind auf Heu und Stroh
und macht unsre Herzen hell und froh.

21. Dezember

Ochs und Esel an der Krippe

„Am liebsten hab ich eigentlich den Esel“, sagt Bettina. „Der hat so treue liebe Augen, und die Ohren stellt er so lustig hoch!“ Sie wischt den Staub von dem grauen Fell ab. „Der Ochse ist auch gut“, meint Michael. „Guck mal, was der für hübsche Hörner hat! Und das breite Maul! Da konnte er richtig viel schnauben und blasen, als es so kalt an der Krippe war.“ „Aber der Esel hat doch am meisten zu tun gehabt“, stellt Bettina fest. „Nicht wahr, Mami, der hat doch die Maria durch den Sand getragen?“ „Ja“, sagt die Mutter, „das war eine weite Reise von Nazareth nach Bethlehem. Ihr wißt doch, daß der Kaiser Augustus alle Menschen in seinem Land zählen lassen wollte. Darum mußten sie alle dorthin ziehen, wo sie geboren waren. Das hat sicher vier bis fünf Tage gedauert, bis Maria und Josef von Nazareth bis Bethlehem gewandert sind.“ „Ist das denn heiß gewesen in der Wüste?“ fragt Michael. „Ja, solche Wüstenwanderungen sind sehr anstrengend gewesen“, meint Mutter. „Nachts ist es ganz kalt in der Wüste. Da braucht man warme Decken, wenn man auf dem harten steinigen Boden schläft. Und wenn die Sonne aufgeht, wird es rasch glühend heiß. Unterwegs gibt es keine Gasthäuser oder schöne Hotels, auch keine Wasserstellen.“ „Aber Maria und Josef mußten doch auf der Reise trinken und essen“, meint Michael. „Ja, der Josef hat den Esel ganz schön bepackt mit Wasserschläuchen, mit Säcken voll Brotfladen und Oliven. Und viele warme Decken hat er auf seinem Rücken festgeschnürt.“

„Im Fernsehen war mal ein Esel, der war ganz bockig und hat die Reiter immer abgeworfen“, sagt Michael. „Marias Esel ist sicher ein ganz liebes, braves Tier gewesen. Es hat ganz vorsichtig seine Hufe aufgesetzt und aufgepaßt, daß es nicht ausgleitet auf den spitzen Steinen und dem Geröll auf den Wegen durch die Wüste“, meint Mutter. „Warme Decken müssen wir dem Esel auch noch aufbinden“, sagt Michael. „Am Heiligabend stellen wir Ochs und Esel ganz nah an die Krippe! Dann können sie das Kind angucken und ihren warmen Atem über das Krippenstroh blasen!“

Ich kann ja nur . . .

Hab' zwei lange graue Ohren,
bin im heißen Land geboren.
Rufen kann ich zwei Buchstaben,
die wirst du in der Schule haben.
Weithin hörst du mich laut schrein:
Ich kann ja nur ein . . . sein.

(Esel)

Aus: B. Cratzius: „Allererste Kinderrätsel“, Rowohlt-Verlag 1992.

Fingerspiel von Ochs und Esel im Stall

Zeigefinger und Mittelfinger der linken Hand sind Ochs und Esel. Die gewölbte Innenfläche der rechten Hand ist die Krippe. Später sind Daumen und Zeigefinger der rechten Hand Ochs und Esel.

Esel: Nun will ich lieb' und leise sein,
im Stroh, da liegt das Kindlein klein.
Die Hufe halte ich ganz still.
Ich will auch nicht i-ah immer schrein.

Ochse: Ach Esel, sieh dich doch mal vor,
du wedelst mit den langen Ohren!
Du störst das Kind im warmen Heu,
so zart ist es und grad geboren.

Esel: Nimm, alter Ochse, dich in acht,
du machst viel Staub und stampfst so laut,
und sieh, dein Maul, dein großes Maul,
das schlappert, wenn es kaut und kaut.

Ochse: Nein, nein, ich bleib' beim Kindlein stehn,
mein Atem haucht so warm und sacht,
und mit dem Schwanz verscheuch' ich Fliegen,
ich halte an der Krippe Wacht.

Esel: Ich bin noch wichtiger als du,
das Kind und Maria werd' ich tragen,
sie müssen fliehen in der Nacht,
das wird ein Engel dem Josef sagen.

Maria: Warum müßt ihr euch denn streiten,
heut ist doch die Heilige Nacht.
Unser Heiland ist geboren,
der uns frei und fröhlich macht.

Josef: Kommt, kniet nieder nun im Stalle,
haltet Frieden doch, ihr zwei!
Seht, das Kindlein in der Krippe
lacht euch freundlich an im Heu.

Dieses kleine Streitgespräch wird sehr gern von Kindern als Rollenspiel dargestellt. Dabei können Streit und Aggressionen abgebaut werden.

22. Dezember

Schiff der Wüste

„Schiff der Wüste“ bin
ich genannt,
bin vollgeladen bis zum
Rand.
Schwanken kann ich,
doch nicht sinken,
brauche lange nichts zu
trinken.
Soviel paßt in meinen
Magen.
Kannst du meinen
Namen sagen?

(Kamel)

Hinweise:
Dieses Lied können wir bei einem kleinen Krippenspiel in der Kindergruppe einsetzen. Vorschläge zum Basteln der Kronen finden wir in: B. Cratzius: „Die Sternsinger kommen“, Verlag Herder. Den Kehrvers kann die ganze Kindergruppe mitsingen.

Die Könige an der Krippe

„Heute bauen wir die Könige auf“, sagt Mutter. „Oh, das wird toll!“ ruft Bettina. „Die großen Kamele mit ihren bunten Decken drauf und die Elefanten, die mag ich so gern!“ „Wir müssen sie an das äußerste Ende der Holzplatten stellen“, sagt Michael. „Wir lassen sie von verschiedenen Seiten auf den Stall zureiten. Und am Heiligabend rücken wir sie zusammen, daß sie nahe an der Krippe stehen“, meint Jan. „Warum denn das?“ fragt Bettina. „Dann merkt man, daß die Menschen aus vielen Ländern von Norden und Süden, von Osten und Westen zum Kind in der Krippe hinziehen mit ihren Geschenken“, sagt der große Bruder. „Weil sie alle den Stern gesehen haben“, erinnert sich Michael. „Ja, und der Stern war das Zeichen, daß ein großer König geboren werden sollte im Lande der Juden“, meint Mutter. „Aber da war doch mal ein König Her . . .“, fragt Bettina. „Ja, der König Herodes! Der hat in Jerusalem in einer großen Burg gewohnt“, sagt Jan. „Das war aber ein schlimmer König!“ meint Michael. „Guck mal, Mami, der hat richtig böse Augen! Und ganz viele Soldaten hat er gehabt.“

„Kommt, wir bauen hier auf dem hohen Berg die Stadt Jerusalem auf mit dem Tempel und der langen Stadtmauer“, sagt Mutter. „Jerusalem liegt nahe bei den Hirtenfeldern von Bethlehem. Und hierher stellen wir die Burg mit den Soldaten. Da sitzt Herodes auf seinem goldenen Thron.“ „Der hat richtig Angst gehabt, daß das Jesuskind in der Krippe ihm seinen Thron wegnehmen will. So ein Blödsinn, nicht wahr, Mami?“ ruft Bettina. „Jesus wollte kein Schloß und keine Burg und keine Krone haben“, sagt Mutter. „Er wurde auch ganz arm in der Krippe geboren, und später, als er groß war, hat er sich um die armen und kranken Menschen gekümmert.“

Lied der Sternsinger

Text: Barbara Cratzius
Musik: Ludger Edelkötter

Wir sind so lange voll Verlangen
den heißen Wüstenweg gegangen.
Ein Wunder ist im Stall geschehn,
wir haben nun das Kind gesehn.
Wir singen unser Königslied:

Kehrvers: Hoch überm Stall . . .

Die Botschaft, sie soll weiterwandern
von einer Tür bis hin zur andern.
Es segne Gott auch dieses Haus,
nun ziehn wir in die Nacht hinaus.
Wir singen unser Königslied:

Kehrvers: Hoch überm Stall . . .

Kleines Königsspiel

Die Könige
am Hof des Herodes

1. König: Wir schritten durch den Wüstensand,
schon lange stand der Stern überm Land.
2. König: Wir zogen unterm Scheine her,
der Weg war lang, der Weg war schwer.
Wir Weisen forschten tagaus und tagein,
ein Königszeichen muß er sein.
3. König: Doch hier blieb stehn der helle Stern,
hier müssen wir finden den König, den Herrn.
1. König: Am Hof des Herodes wird es geschehn,
wir werden den Herrscher der Juden sehn.
Herodes: Ihr hohen Herren, welche Ehr,
ihr kommt zu meinem Throne her
vom fernen Meer, vom fernen Strand
zu mir, dem König hier im Land.
2. König: Wir zogen, Herr, vor deinen Thron,
ist hier der neue Herr geborn?
Und finden wir die Königsstadt,
die uns der Stern verheißen hat?
Herodes: Wen sucht ihr Herren, so saget an,
daß ich den König auch finden kann!
Schriftgelehrter: Hört an, im Buche Micha steht,
so hat verkündet der Prophet:
Licht aus der Finsternis strahlt in die Nacht,
hat der Welt Freude und Friede gebracht.
Und Bethlehem, das Dorf so klein,
in aller Mund soll gepriesen sein.
Herodes: Was zögert ihr – so zieht geschwind
und sucht das verheißene Königskind.
Doch kehrt zurück und sagt mir's an,
daß ich auch zu ihm beten kann.
Ich will's von euch hören, ich muß es wissen,
ich will dem Herrscher die Füße küssen.
1. König: Der Stern – er führt uns weiter fort.
2. König: Hier ist für uns nicht der rechte Ort.
3. König: Dort überm Stalle bleibt er stehn.
Alle: So kommt – das Kind in der Krippe zu sehn.

23. Dezember

Am Tag vor dem Heiligen Abend

Draußen ist es noch ganz dunkel. Bettina tappt ans Fenster. Es hat wieder angefangen zu schneien. Wie das schwebt und wirbelt und tanzt in der Luft! Und morgen ist Weihnachten! Ihr wird ganz kribbelig im Bauch vor Freude. Leise tappt sie die Treppe hinunter. Die große hölzerne Wiege im Wohnzimmer ist schon ganz vollgepackt mit Päckchen und Paketen in buntem Weihnachtspapier. Sie knipst das Licht an. Der Stern über der Krippenlandschaft beleuchtet das Hirtenfeld, die Jerusalemburg und die Könige mit ihren leuchtenden Kronen. Der Platz in der Mitte ist noch leer. Da kommt Mutter aus der Küche. „Kannst du nicht abwarten, Bettina?“ lacht sie. „Zieht euch an, dann könnt ihr drei die Krippe fertigbauen. Ich glaub’, Jan hat eine gute Idee!“

Als sie später alle drei vor der Krippenlandschaft knien, hebt Jan vorsichtig die eingewickelte Krippe aus dem großen Karton heraus. „Wo habt ihr das Stroh gelassen?“ fragt er. „Wir haben doch im Sommer eine ganze Tasche voll gesammelt.“ „Das brauch’ ich doch für meine Tiere auf dem Bauernhof!“ sagt Michael. „Aber wart, ich hab’ noch genug, das Jesuskind soll nicht frieren!“ „Vati, hilfst du mir, die Glühbirne hier in der Krippe unter dem Stroh anzubringen?“ bittet Jan. „Das Licht soll aus der Krippe nach oben strahlen! Das muß toll aussehen, wenn die Gesichter von Maria und Josef von unten her angestrahlt werden. Dann leuchtet nicht der Stern von oben, sondern man merkt richtig, daß das Licht auch aus der Felshöhle kommt.“ Michael wickelt vorsichtig Maria und Josef aus dem Seidenpapier heraus und stellt sie hinter der Krippe auf. „Ich finde, Marias Kleid muß noch einmal übergepinselt werden“, findet Bettina. „Das sieht gar nicht mehr so schön leuchtend blau aus!“ „Die sind doch so lange in der Wüste unterwegs gewesen“, meint Vater, „laß sie ruhig ein bißchen staubig aussehen! Das ist viel echter!“ „Und dann sind sie noch den ganzen Abend in den Straßen von Bethlehem herumgelaufen und haben nach einer Herberge gesucht“, sagt Mutter. „Da haben sie auch nicht viel Zeit gehabt, sich den Staub aus den Kleidern zu klopfen.“ „Und die blöden Wirtsleute!“ schimpft Michael. „Alle haben sie Maria und Josef die Tür vor der Nase zugeknallt.“ „Wenigstens die Tiere hier in der Höhle sind lieb und friedlich!“ sagt Bettina und streicht dem grauen Esel über den Rücken. „Die Krippe ist fertig“, sagt Jan aufatmend. „Und morgen ist Weihnachten!“ seufzt Bettina glücklich.

Zum Spiellied: „Wenn das Warten so lange dauert“
Dieses Lied vom Schlüssellochgucker kann pantomimisch dargestellt werden.
Zwei Kinder stellen die Tür dar. Sie fassen sich an den Händen und bilden mit den Fingern das Schlüsselloch.
Die Kindergruppe kann die verschiedenen Gegenstände (Tanne, Schmusetier, Kasperpuppen, Puppengeschirr . . .) auf große Bögen malen und beim Singen der entsprechenden Strophen hochhalten.
Der Kater Maunz schleicht im Weihnachtszimmer herum und beschnüffelt alles. Am Schluß erscheint die Mutter an der Tür, der kleine Schlüssellochgucker saust davon.

Die erste Strophe kann schon von den Jüngsten gesungen und immer wieder während des Spiels wiederholt werden.

Wenn das Warten so lange dauert

Text: Barbara Cratzius
Musik: Ludger Edelkötter

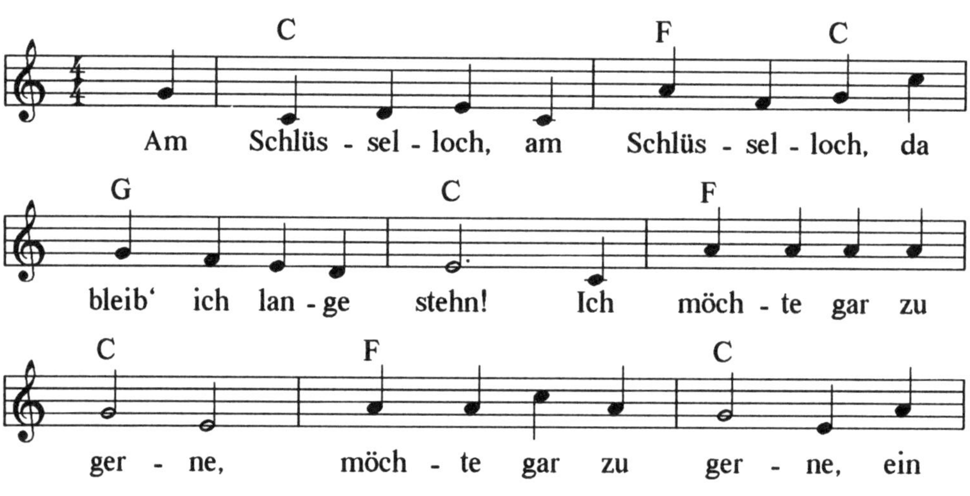

2. Zuerst seh' ich den Tannenbaum
mit zwanzig roten Kerzen,
mit süßen bunten Kugeln,
süßen bunten Kugl
und Schokoladenherzen . . .

3. Ganz links, da steht ein Schaukelpferd,
davor das Kasperhaus.
Da guckt die liebe Gretel,
guckt die liebe Gretel
und auch der Schutzmann raus . . .

4. Das hat mein Bruder sich gewünscht,
nun schaue ich mal weiter.
Da rechts, da steht ein Auto,
rechts, da steht ein Auto
vor einer gelben Leiter . . .

5. Ist die für mich? Für Till? Für Klaus?
Und dort – die Lok mit Schiene?
Die rosa Babypuppe,
rosa Babypuppe,
ist sicher für Sabine . . .

6. Und Samson, Ernie und der Bert,
sie alle warten schon.
Da sitzt ein kleines Äffchen,
sitzt ein kleines Äffchen,
beim Puppentelefon . . .

7. Der Doktorkoffer ist für mich,
das hoffe ich doch sehr.
Auch Willibald, das Mäuschen,
Willibald, das Mäuschen,
und dort der Teddybär . . .

8. Was seh' ich rechts da auf dem Bord?
Ah – die Carrera-Bahn!
Da fängt bestimmt der Opa,
fängt bestimmt der Opa,
wohl selbst zu spielen an . . .

9. Da schleicht doch unser Kater Maunz
im Zimmer heimlich rum,
beißt in den braunen Kringel,
in den braunen Kringel,
und stößt die Leiter um . . .

10. „Du Kater Maunz, laß das mal sein!"
So schrei' ich vor der Tür.
Die Mutter dreht den Schlüssel,
Mutter dreht den Schlüssel,
„Sag mal, was suchst du hier?" . . .

11. Am Schlüsselloch, am Schlüsselloch,
da gibt's nichts zu erspähn!
Doch dann am Heiligabend,
dann am Heiligabend,
da werd' ich alles sehn! . . .

Einmal werden wir noch wach

„Nun kann ich es wirklich kaum noch erwarten", sagt Bettina. „Das Schlimmste ist der Tag vor Weihnachten, der dauert immer am längsten!"
„Singt doch noch mal eure neuen Lieder", sagt die Mutter. „Jan kann mit der Flöte dazu spielen, und Bettina und Michael begleiten ihn mit dem Glockenspiel, mit der Rassel oder dem Triangel."
Und dann habe ich mir noch ein paar neue Spiele und eine Bastelidee ausgedacht.

Nüssekullern

Nehmt ein Holzbrett und stellt es schräg (z. B. an einen Hocker). Wenn das Zimmer recht groß ist, sollte der Neigungswinkel nicht zu steil sein. Für jeden gibt es ein kleines Säckchen mit Nüssen, die heruntergekullert werden müssen (nicht werfen!).
Jeder darf dreimal kullern. Wer die weiteste Kullerstrecke geschafft hat, ist Sieger.

Wir malen ein buntes Herz

Jeder Spieler malt sich ein Herz auf mit 24 kleinen Kreisen. In jeden Kreis wird beliebig eine der Zahlen von 1 bis 6 geschrieben. Nun wird gewürfelt. Je nach Würfelglück wird Kreis für Kreis angemalt. Ein Kreis darf nicht doppelt angemalt werden.
Wer als erster sein Herz mit den vielen „bunten Smarties" fertig hat, darf sich ein „echtes Marzipan-" oder Schokoladenherz vom bunten Teller nehmen. Die ganz Kleinen können entsprechend viele Punkte in die Kreise einzeichnen.

Wir sehen rot

Bei diesem Spiel müssen einige Spieler eingeweiht werden, die hinausgeschickt werden.
Die übrigen Spieler bestimmen irgendeinen Gegenstand in der adventlich geschmückten Stube, der geraten werden soll.
Der Spielleiter fragt den ersten hereingeholten Spieler:
Sind es die Nüsse? Ist es die rote Kerze? Nein. Ist es der Adventskranz? Ja.
Der Trick des Spiels besteht darin, daß vor dem zu erratenden Gegenstand nach einem Ding gefragt wird, das rot ist.
(Apfel, rote Kerze, rote Schleife, ein Tischläufer)

Mandarinenleuchter

Einen stimmungsvollen Adventsleuchter könnt ihr euch aus einer Clementine basteln, indem ihr die Schale oben rundherum leicht einschneidet und den „Deckel" abtrennt. Nun löst ihr mit einem kleinen Teelöffel ganz vorsichtig das Fruchtfleisch von der Schale und entfernt die Stücke, möglichst ohne die Schale dabei einzureißen.
Habt ihr die Clementine ausgehöhlt, gießt ihr auf den Boden der Fruchtschale etwa einen halben Zentimeter Speiseöl.
Dort hinein stellt ihr einen kleinen Ständer, wie ihr ihn in einem ausgedienten Teelicht findet, an dem Ihr einen Docht befestigt. Dafür eignet sich am besten ein 1 cm langer Faden, den man zum Wachskerzendrehen verwendet. Alternativ kann man auch aus einem Papiertaschentuch einen Docht herstellen, indem man eine Ecke derartig dreht:

Das warme, orangefarbene Licht kann man noch verstärken, indem man die Fruchtschale auf einen Spiegel stellt.

(A. Schulz)

24. Dezember

Endlich ist der Weihnachtsabend da!

Am 24. Dezember ist Bettina als erste aufgewacht. Draußen ist es noch ganz dunkel. Der Himmel ist wie bestickt mit vielen Sternen. Wie das funkelt!
„Du Michael!“ ruft sie, „wach auf! Ein Stern leuchtet ganz besonders hell! Wie der Stern von Bethlehem!“
Da springt auch Michael aus dem Bett. „Wirklich!“ ruft er und kneift die Augen zu. „Jetzt funkelt es ganz doll! Das sieht richtig aus wie eine Wunderkerze!“
Vater steckt den Kopf ins Kinderzimmer. „Na – ihr könnt es wohl gar nicht erwarten“, lacht er. „Nach dem Frühstück werden aber zuerst die Kerzenhalter saubergekratzt und die Goldnüsse und Äpfel blank gerieben!“
Endlich hat der Vater den Baum in den Ständer geschraubt. Die unteren Äste hat er abgesägt. „Die legen wir nachher um die Krippe herum“, sagt Michael. „Wie das duftet nach den Tannenzweigen!“
Jan befestigt die Kerzenhalter, Bettina und Michael reichen ihm die Kerzen zu.
„Schau mal!“ ruft Michael, „den kleinen Engel hab’ ich letztes Jahr gebastelt!“ „Und hier ist mein Goldstern und das Silberherz“, sagt Bettina.
„Das ist der allerschönste Weihnachtsbaum“, stellt Mutter fest. „Das habt ihr wunderschön gemacht, ihr fleißigen Wichtelleute!“
„Wann fangen die Glocken an zu läuten?“ fragt Bettina ungeduldig. „Ich freu’ mich schon so auf das Krippenspiel in der Kirche!“
„Wenn es dunkel wird und Oma und Opa kommen“, sagt der Vater.

Endlich klingelt es an der Tür. „Hurra – nun können wir Weihnachten feiern!“ ruft Bettina und fliegt Oma in die Arme.
Vom Rathausplatz her schallt das Glockengeläut der großen Marienkirche. Dazwischen mischen sich die Glocken der anderen Kirchen.
Von allen Seiten her strömen die Menschen auf die große Kirchentür zu. Und dann sitzen die Kinder zwischen den Eltern und Großeltern auf der Kirchenbank. Vorn am Altar steht eine ganz große Tanne mit vielen Kerzen. Nun ertönt die Orgel so gewaltig, daß Bettina nach Mutters Hand greift. „Du – als ob ganz viele Engel singen – ist das schön!“ Und dann fallen die Kinder mit lauter Stimme in den Gesang der vielen Menschen ein:

Vom Himmel hoch, da komm’ ich her,
ich bring’ euch gute neue Mär.
Der guten Mär bring’ ich so viel,
davon ich singen und sagen will.

Hier folgt das kleine Krippenspiel, das eine Kindergruppe aufführen kann:

Kleines Krippenspiel

Das Lied: „Ihr Kinderlein kommet“ und „Alle Jahre wieder“ kann schon von den Jüngsten in einer Kindergruppe mitgesungen werden. Die Texte sind sehr kurz gehalten, so daß das Spiel schon von Kindergartenkindern aufgeführt werden kann. Wortwiederholungen sind beabsichtigt und erleichtern den Kindern das Behalten der Verse.
Das Spiel kann aus dem Kreis heraus aufgeführt werden. Die Wirtsleute können Schilder umhängen, auf denen die Namen ihrer Wirtshäuser *gemalt* sind (z. B. ein Lamm, ein Ochse, ein goldener Löwe . . .).
Ein Kind hält einen goldenen Stern an einem langen Stab. Zu Beginn singen alle das Eingangslied auf die Melodie „Ihr Kinderlein kommet“. Dabei gehen Maria und Josef in weitem Bogen um den Kreis herum.

Maria und Josef,
die ziehen durch den Wald.
Sind dunkel die Nächte,
der Wind weht so kalt.

Es leuchtet als Zeichen
von Gott unserm Herrn
am Himmel dort droben
der goldene Stern.

Maria: O Josef, meine Füße tun weh,
ich kann nicht mehr gehen in Eis und in Schnee!

Josef: Maria, ich kann schon Bethlehem sehn,
nun wird uns gar nichts mehr geschehn!
So schau, da vorne brennt ein Licht,
nimm meinen Arm und fürcht' dich nicht!

Maria und Josef treten in den Kreis hinein.
Josef klopft mit dem Stab beim ersten Wirt auf den Boden.)

Josef: (bittend)
Herr Wirt, Herr Wirt, kalt weht der Wind,
wir brauchen ein Bett für Mutter und Kind.

1. Wirt: (recht böse)
Es schläft schon alles, Mensch und Tier,
heut bleibt geschlossen meine Tür!

Josef klopft mit dem Stab beim 2. Wirt auf den Boden.

Josef: Herr Wirt, Herr Wirt, kalt weht der Wind,
wir brauchen ein Bett für Mutter und Kind.

2. Wirt: Seit Tagen ist schon voll mein Haus,
zieht weiter in die Nacht hinaus!

Josef klopft mit dem Stab beim dritten Wirt auf den Boden.

Josef: Herr Wirt, Herr Wirt, kalt weht der Wind,
wir brauchen ein Bett für Mutter und Kind.

3. Wirt: Ihr armen Menschen tut mir leid
in dieser kalten Winterzeit.
Bis oben hin ist voll mein Haus,
doch führ' ich euch zum Stall hinaus.

Er nimmt die Laterne und ein Bündel Heu mit.

Folgt mir, hier ist ein Bündel Heu,
der Ochs und Esel stehen dabei.
Die Decken nehmt für Mutter und Kind,
sie halten euch warm bei Schnee und Wind.

Der Wirt führt Maria und Josef zur Krippe. Das Kind mit dem Stern tritt neben die Krippe, die anderen Kinder treten nebeneinander mit ihren Gaben heran.
Die Kinder singen die 1. Strophe von „Ihr Kinderlein kommet".

1. Kind: Den Arm voll Holz, das bring' ich euch,
der Josef kocht die Suppe gleich.
2. Kind: Ich komme mit frischem Wasser her,
der Eimer ist so groß und schwer.
3. Kind: Die Mutter gab Mütze und Jäckchen mir,
bald passen sie, du Kindlein, dir.
4. Kind: Ich habe Brot und Butter gebracht,
daß Maria und Josef nicht hungern bei Nacht!
5. Kind: Ich komme mit vielen Kerzen gerannt,
hab' auch die Laterne hier in der Hand.
6. Kind: Das weiße Fell, das hält dich warm.
7. Kind: Ich hab' den Korb mit Früchten am Arm.
8. Kind: Den Teddybären hab' ich gebracht,
er brummte in kalter Winternacht.
9. Kind: Mein Puppenkind kann Mama schrein,
es soll das Geburtstagsgeschenk von mir sein.

Maria: Ihr lieben Kinder, wir danken euch alle,
nun sind wir nicht mehr allein hier im Stalle.
Kommt näher an die Krippe, seht,
die Tür für alle offensteht.

Josef: Ihr dürft nah an die Krippe treten,
wir wollen danken und singen und beten.

Kinder kommen alle an die Krippe heran und knien nieder.

Maria: Da liegt mein Kind auf Heu und Stroh,
das macht alle Menschen frei und froh.

Lied Zum Abschluß singen alle (nach der Melodie: „Alle Jahre wieder")

Alle Jahre wieder
kommt das Christuskind
auf die Erde nieder,
wo wir Menschen sind.

Kehrt mit seinem Segen
ein in jedes Haus,
geht auf allen Wegen
mit uns ein und aus.

Kommt doch her zur Krippe,
tretet alle ein!
Seht das Kind im Stalle
will euer Bruder sein.

Hört die Engelsbotschaft:
„Fürchtet euch doch nicht!"
Und auf unsern Wegen
glänzt uns Gottes Licht.